Physik

Klasse 6
Sekundarschule Sachsen-Anhalt

Neue Ausgabe

VOLK UND WISSEN

Autoren:
Prof. Dr. Udo Backhaus
Stefan Burzin
Dr. Jochim Lichtenberger
Prof. Dr. Klaus Liebers
Prof. Dr. Helmut F. Mikelskis
Prof. Dr. Hans-Joachim Wilke

Unter Planung und Mitarbeit der Verlagsredaktion
Bettina Conrad-Rosenkranz

Illustrationen: Gabriele Heinisch, Roland Jäger,
Karl-Heinz Wieland, Hans Wunderlich

Technische Zeichnungen: Rainer Götze, Peter Hesse

Umschlaggestaltung: V+I+S+K, Berlin

Layout: Wladimir Perlin, Berlin

www.cornelsen.de

1. Auflage, 6. Druck 2024

Alle Drucke dieser Auflage sind inhaltlich unverändert
und können im Unterricht nebeneinander verwendet werden.

© 2010 Cornelsen Verlag, Berlin
© 2016 Cornelsen Verlag GmbH, Berlin

Druck: GZH d.o.o., Zagreb

ISBN 978-3-06-010437-6

PEFC-zertifiziert
Dieses Produkt
stammt aus
nachhaltig
bewirtschafteten
Wäldern und
kontrollierten Quellen
PEFC/01-31-1188   www.pefc.de

Inhalt

Schatten und Bilder 5

Licht und Sehen 6
Kann man Licht sehen? 6
Von durchsichtigen und undurchsichtigen Dingen 7
Sichtbar oder nicht sichtbar? 9
Lichtquellen und beleuchtete Körper 9
Die Lichtgeschwindigkeit 10
Von Lichtbündeln zum Modell der Lichtstrahlen 11
Physik erlebt Sehen und gesehen werden
   im Straßenverkehr 12
Aus der Natur Lebendige Lichtquellen 14
Selbst erforscht Löcher zeichnen Bilder –
   Die Lochkamera 15
Aus der Natur Sonnentaler 16
Weißt du es? Kannst du es? 17
Kurz und knapp! 17

Licht und Schatten 18
Wo Licht ist, ist auch Schatten 18
Licht und Schatten im Weltraum – Mondphasen 22
Licht und Schatten im Weltraum – Finsternisse 24
Selbst erforscht Schattenspiele 26
Methode Je-desto-Beziehungen und Experimente 27
Weißt du es? Kannst du es? 28
Kurz und knapp! 29

Reflexion des Lichtes 30
Reflexion am ebenen Spiegel 30
Reflexionsgesetz 31
Wölbspiegel 32
Hohlspiegel 33
Selbst erforscht Spiegel – basteln, staunen,
   forschen 34
Aus der Technik Hohlspiegel im Einsatz 35
Aus der Natur Seltene Schneckenhauser 36
Weißt du es? Kannst du es? 36
Kurz und knapp! 37

Brechung des Lichtes 38
Erscheinungen der optischen Brechung 38
Brechungsgesetz 39
Aus dem Wasser leuchten 40
Aus der Natur Der „geknickte" Stab 40
Weißt du es? Kannst du es? 41
Kurz und knapp! 41

Bildentstehung mit Linsen 42
Optische Linsen 42
Bildentstehung mit Sammellinsen 43
Strahlenverlauf an Sammellinsen 44
Konstruktion von Bildern 45
Scheinbare Bilder 46
Bildentstehung beim Auge 47
Bildentstehung beim Fotoapparat 48
Bildentstehung beim Fernrohr 48
Lernen an Stationen Das Auge 50
Selbst erforscht Auge und Sehen 52
Aus der Medizin So korrigiert die Brille Sehfehler 54
Selbst erforscht Digitalkameras 55
Weißt du es? Kannst du es? 56
Kurz und knapp! 57

Teste dich! 58

Bewegungen von Körpern 59

Bewegungen 60
Bewegung als Ortsveränderung 60
Verschiedene Formen von Bewegungen 61
Die physikalische Größe Weg 62
Die physikalische Größe Zeit 62
Die Geschwindigkeit eines Körpers 62
Gleichförmige und ungleichförmige Bewegungen 65
Das Weg-Zeit-Diagramm für gleichförmige
   Bewegungen 66
Durchschnittsgeschwindigkeit und
   Augenblicksgeschwindigkeit 67
Methode Messwerte im Diagramm darstellen 68
Aus der Technik Mit dem Navigationssystem
   unterwegs 69
Selbst erforscht Wege und Verkehrsmittel in deiner
   Umgebung – Reisen kostet Zeit und Geld 70
Physik erlebt Geschwindigkeiten in Natur und
   Technik 72
Aus der Technik Geschwindigkeitsmessung 74
Weißt du es? Kannst du es? 75
Kurz und knapp! 75

Teste dich! 76

Wärmeübergänge 77

Kalt oder heiß – die Temperatur sagt mehr 78
Temperaturempfinden 78
Vom Temperaturempfinden zum Thermometer 79
Verschiedene Thermometer 80
Selbst erforscht Genaue Temperaturmessungen 81
Aus der Natur Körpertemperatur und Fieber 82
Methode Ergebnisse präsentieren 84
Weißt du es? Kannst du es? 85
Kurz und knapp! 85

Wärme und ihre Übertragung 86
Natürliche Wärmequellen 86
Vom Menschen geschaffene Wärmequellen 88
Übertragung von Wärme 89
Wärmeleitung 90
Wärmeströmung 92
Wärmestrahlung 94
Aus der Geschichte Heißluftballons –
    am Himmel fahren 95
Physik erlebt Der Heißluftballon 96
Selbst erforscht Bau eines Heißluftballons 98
Weißt du es? Kannst du es? 99
Kurz und knapp! 99

Wärmedämmung 100
Wie kann man die Wärmeübertragung
    verhindern? 100
Aus der Technik Ein Schutzmantel für das Haus 102
Selbst erforscht Energie sparen und Umwelt
    schützen 103
Physik erlebt Das Energiesparhaus 104
Aus der Natur Wärmedämmung im Tierreich 106
Selbst erforscht Allerlei zur Wärme 107
Weißt du es? Kannst du es? 108
Kurz und knapp! 108

Teste dich! 109

**Die Natur verstehen
    mit physikalischen Basiskonzepten 110**
Basiskonzept Materie 110
Basiskonzept Wechselwirkung 111
Basiskonzept System 112
Basiskonzept Energie 113

Lösungen zu den Teste-dich-Aufgaben 114
Register 117

Hinweise auf die Basiskonzepte findest du an den
Stellen im Lehrbuch, die mit folgenden Symbolen
gekennzeichnet sind:

 Basiskonzept Materie

 Basiskonzept Wechselwirkung

 Basiskonzept System

 Basiskonzept Energie

Schatten und Bilder

Ob Regenbogen oder Mondfinsternis, Lupe oder riesiges
Teleskop – bei der Beobachtung der Welt
sind wir größtenteils auf Informationen
angewiesen, die mit dem Licht über
unsere Augen in das Gehirn
gelangen. Manchmal lassen wir
uns dabei täuschen.

Oft genügen aber
auch einfache Tricks oder
technische Hilfsmittel,
um das Bild von der Welt klarer und
deutlicher werden zu lassen. Finde heraus,
wie du optische Erscheinungen mithilfe von
Naturgesetzen beschreiben, erklären und anwenden kannst.

Licht und Sehen

In diesem Puppentheater bewegen sich die Puppen als wären sie lebendig. Sie werden von Menschen geführt, die direkt dahinter stehen.

Die Spieler sind aber nicht sichtbar, weil sie völlig schwarz gekleidet sind und auch der Bühnenhintergrund aus schwarzem Samt besteht. Zusätzlich sind die Bühnenscheinwerfer so aufgestellt, dass sie vor allem die Puppen in ihren hellen Kostümen beleuchten.

Kann man Licht sehen?

Wenn du am Morgen erwachst, kann es in deinem Zimmer völlig dunkel sein: Entweder ist es noch Nacht und keine Straßenlaterne leuchtet ins Zimmer oder vor deinem Fenster sind die Rollläden heruntergelassen.

Wenn außerdem kein Licht durch die Türritzen dringt, siehst du trotz offener Augen nichts. Du tastest nach der Nachttischlampe. – Kaum hast du den Schalter gedrückt, siehst du alles rings umher. Das ganze Zimmer mit seiner Einrichtung ist nun sichtbar.

Aber wenn du im Schrank etwas suchst, reicht das Licht der Nachttischlampe nicht aus; du schaltest die Deckenleuchte ein. Und bei Bastelarbeiten benutzt du vielleicht eine besonders helle Schreibtischlampe, um besser zu sehen.

Damit eine Wand oder ein Buch hell erscheint, muss das Licht der Lampe irgendwie dorthin gelangen. Wie kann man sich den Weg des Lichtes von der Lampe zu einem Gegenstand vorstellen?

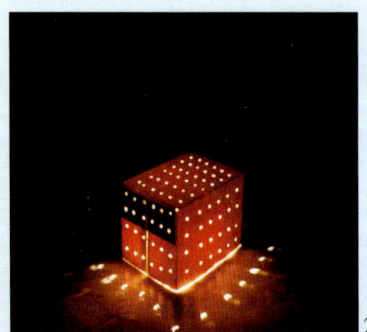

EXPERIMENT 1

1 Stelle einen Kasten mit vielen nageldicken Löchern über eine Glühlampe. Sorge für genügenden Abstand zwischen Lampe und Kasten!

2 Schüttle nun etwas Kreidestaub über den Kasten oder erzeuge Rauch mit einer Imkerpfeife!

In einem dunklen Raum siehst du bei Experiment 1 zunächst nur die hellen Löcher und helle Punkte an Decke und Wänden. Mit Staub oder Rauch in der Luft erscheinen viele geradlinige Lichtbündel.

Wenn du aufmerksam beobachtest, kannst du auch im Freien unter bestimmten Bedingungen den Weg des Lichts in Form geradliniger Bündel erkennen. Solche Lichtbündel können entstehen, wenn die Sonne durch Wolkenlücken (Bild 1) oder im Wald durch das Laubdach scheint.

Damit man das Licht in Form von Bündeln erkennen kann, ist Nebel in der Luft notwendig. So sieht man dann die beleuchteten Wassertröpfchen. Die Beobachtungen in der Natur und das Experiment zeigen:

▶ **Das Licht an sich ist nicht sichtbar. Den Weg des Lichtes kann man aber beobachten, wenn er durch geeignete Körper, z. B. Rauch oder Nebel, sichtbar gemacht wird. Licht breitet sich geradlinig aus.**

1

Von durchsichtigen und undurchsichtigen Dingen

Als die Bürger von Schilda ein neues Rathaus erbauten, vergaßen sie den Einbau von Fenstern. Im Rathaussaal war es stockdunkel. Was tun? – Der Schneider hatte die richtige Idee, so glaubten jedenfalls die Bürger von Schilda: „Lasst uns das Sonnenlicht in Säcke füllen und in das Rathaus tragen!"

Fast alle Dinge des täglichen Lebens lassen sich sammeln und in Kisten oder Säcke füllen, selbst die unsichtbare Luft. Aber das Licht ist immer „sofort weg", sobald eine Lampe ausgeschaltet wird. Die Bürger von Schilda brauchen also entweder Lampen oder sie müssen doch noch Fenster in ihr Rathaus einbauen.

2

Durch Glasscheiben kann das Licht „ungehindert" ins Haus kommen. – Stimmt das wirklich?

EXPERIMENT 2

Besorge dir einige kleine flache Glasscheiben (oder auch leere CD-Hüllen). Halte zunächst eine, dann zwei, drei usw. Scheiben in das Licht der Sonne oder einer Lampe, sodass der „Schatten" der Scheiben auf einer weißen Wand erscheint.

Sieh dir die Schatten genau an und vergleiche mit der Wand daneben und mit dem Schatten deiner Hand.

Obwohl man durch eine gut geputzte Glasscheibe hindurchsehen kann als wäre sie gar nicht vorhanden, so wirft sie doch einen erkennbaren „Schatten". Nicht alles Licht erreicht durch die Scheibe die Wand. Und je mehr Scheiben vor die Wand gehalten werden, desto dunkler ist der „Schatten". Der Rest des Lichtes wird von den Scheiben zurückgeworfen, also *reflektiert*.

Die Bilder 2 und 3 zeigen Schatten einer verspiegelten Sonnenbrille.

Trifft das Licht auf die verspiegelte Seite, so ist der Schatten fast so dunkel wie der Schatten einer Hand (Bild 2). Trifft das Licht auf die unverspiegelte Seite der Brillengläser, ist der Schatten heller (Bild 3). Aber etwas Licht durchdringt die Brille noch. Für das Sehen reicht dies aus: Der Brillenträger sieht seine Umgebung zwar dunkler aber meist deutlich genug. Auch gewöhnliche Sonnenbrillen lassen nicht alles auftreffende Licht hindurch. Ein Teil des Lichtes wird auch hier an der Oberfläche reflektiert, ein anderer Teil wird vom getönten Glas verschluckt, also *absorbiert*.

Selbst klares Meerwasser lässt nur einen Teil des Lichtes hindurch. Während du beim Schnorcheln am Strand noch mühelos die Dinge auf dem Grund erkennen kannst, ist einige hundert Meter unter der Wasseroberfläche überhaupt kein Tageslicht mehr vorhanden.

Der Taucher braucht eine Lampe, damit er das Wrack sehen kann.

Wenn Licht auf einen Gegenstand trifft, wird es von ihm mehr oder weniger durchgelassen, reflektiert oder absorbiert.

Sichtbar oder nicht sichtbar?

Eine Lampe sendet Licht in alle Richtungen des Raumes aus. Für den Beobachter ist sie sichtbar, wenn das von ihr ausgehende Licht in seine Augen fällt. Wird ein Buch zwischen Lampe und die Augen gehalten, ist die Lampe für den Beobachter nicht sichtbar (Bild 1).

Eine Vase auf dem Tisch kann aus vielen Positionen im Raum gesehen werden (Bild 2). Befinden sich mehrere Beobachter im Zimmer, so ist die Vase für sie alle sichtbar.

Auch von der Vase geht Licht aus. Der Raum wird durch eine Lampe beleuchtet. Dieses Lampenlicht fällt auf die Gegenstände im Raum und wird von ihnen reflektiert. Vom reflektierten Licht der mattweißen Vase fällt ein Teil in das Auge des Beobachters. Er kann die Vase sehen.

 ↑Basiskonzept
Wechselwirkung

 Ein Gegenstand ist nur sichtbar, wenn von ihm ausgehendes Licht in das Auge des Beobachters fällt.

Lichtquellen und beleuchtete Körper

Sonne und Mond beleuchten unsere Erde. Worin besteht der Unterschied? Selbst bei Vollmond fällt es dir schwer, ein Buch zu lesen, weil es zu dunkel ist. Die Sonne ist viel heller. Aber es gibt noch einen weiteren Unterschied: Die Sonne leuchtet selbst. Sie ist die größte und wichtigste Lichtquelle für uns Menschen. Der Mond hingegen leuchtet nicht selbst. Er wird von der Sonne beleuchtet. Deshalb erscheint er uns hell. Der Mond täuscht uns also bloß vor, er sei eine Lichtquelle. Ohne die Sonne wäre er für uns unsichtbar.

 Die Sonne leuchtet.

Der Mond wird beleuchtet.

Ebenso ist es in einem ganz dunklen Raum. Dort können wir nichts sehen. Schaltet man aber eine Beleuchtung ein, so sieht man nicht nur die Lichtquelle. Man sieht auch alle Gegenstände im Raum, weil sie nun beleuchtet werden.

▶ **Körper, die von selbst Licht aussenden, also selbstleuchtende Körper, nennt man Lichtquellen. Alle anderen Körper, die man sieht, nennt man beleuchtete Körper.**

Die beleuchteten Körper erscheinen unterschiedlich hell. Das liegt sicher zum einen daran, wie stark sie von der Lichtquelle beleuchtet werden. Aber auch gleich stark beleuchtete Gegenstände erscheinen unterschiedlich hell. Das Licht der Lichtquelle trifft auf die Gegenstände und gelangt von dort in unsere Augen. Manche Gegenstände werfen das Licht besser zurück als andere. Räume mit weißen Wänden wirken bei gleichen Lichtquellen viel heller, als solche mit dunkler Tapete. Weiße Gegenstände werfen Licht besser zurück als dunkle.

Man unterscheidet natürliche und künstliche Lichtquellen. Neben der Sonne gibt es in der Natur noch Lichtquellen wie Blitze, Sterne oder glühende Lava aus Vulkanen. Offenes Feuer war über Jahrtausende die einzige künstliche Lichtquelle der Menschen. Zunächst gab es Fackeln, Öllampen und Kerzen; später Petroleum- und Gaslampen. Mit der Nutzung der Elektrizität wurden Glühlampen und Leuchtstofflampen zu selbstverständlichen Alltagsgegenständen.

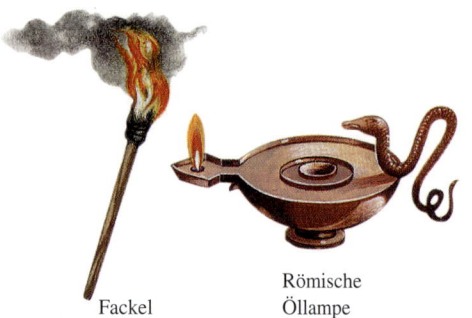   

Fackel	Römische Öllampe	Leuchter 17. Jahrhundert	Petroleumlampe um 1800	Gaslaterne 1925	Lampen von heute	1

Die Lichtgeschwindigkeit

Wenn wir den Lichtschalter betätigen, wird es überall im Zimmer sofort hell – in der hintersten Ecke im gleichen Moment wie dicht neben der Lampe. Das Licht von der Lampe breitet sich im ganzen Zimmer aus. Wenn das Licht sich bewegt, dann müsste es doch Zeit brauchen, um zum Ziel zu gelangen!

Heute wissen wir: Das Licht ist so ungeheuer schnell, dass wir nicht bemerken können, wie es das Zimmer durchquert. Es braucht dazu nur Bruchteile von Millionstelsekunden! Bis zum Mond würde es nur etwa 1 Sekunde benötigen. Das Licht der Sonne erreicht uns in 8 Minuten. Das Licht vom Polarstern braucht bis zur Erde etwa 430 Jahre.

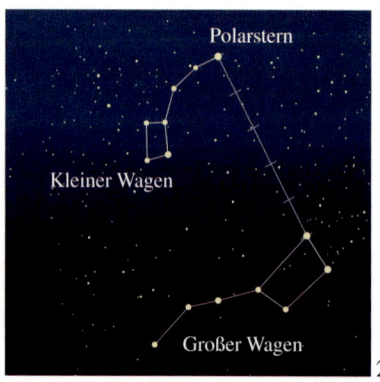

Polarstern

Kleiner Wagen

Großer Wagen

2

▶ **Die Lichtgeschwindigkeit beträgt etwa 300 000 km/s.**

Von Lichtbündeln zum Modell der Lichtstrahlen

Bei Experiment 1 haben wir festgestellt, dass sich Licht geradlinig ausbreitet.

Dieses Ergebnis kannst du auch anders überprüfen. Jeden kleinen Gegenstand, den du im Zimmer betrachtest, kannst du dir durch ein dünnes gerades Rohr ansehen, z. B. eine Kerzenflamme. Das Licht erreicht dein Auge nicht, wenn das Rohr gebogen ist.

1

Man kann jede Glühlampe zum Erzeugen eines schmalen Lichtbündels verwenden. Dazu setzt man eine Lochblende davor. Eine solche Blende blendet einen Teil des Lampenlichtes aus. Je nach ihrer Form nennt man sie Loch- oder Spaltblende. Benutzt man in der Schule zum Experimentieren eine Heftleuchte, so verwendet man dort eine Spaltblende (Bild 2). Man stellt ein Lichtbündel dar, indem man seine beiden seitlichen Begrenzungen durch zwei Geraden zeichnet (Bilder 3 und 4). Beim Zeichnen sehr schmaler paralleler Lichtbündel genügt eine einzige gerade Linie (Bild 5).

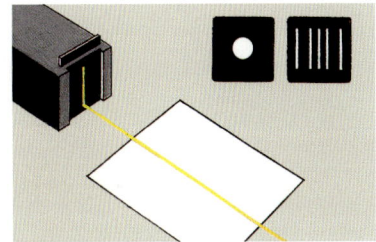
2

Heftleuchte mit Spaltblende

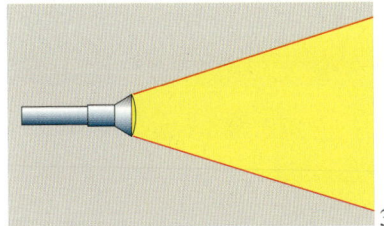
3

Breiter werdendes Lichtbündel

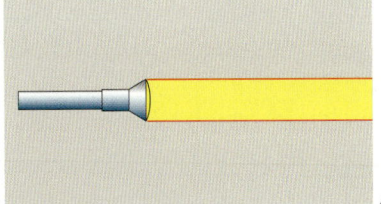
4

Paralleles Lichtbündel

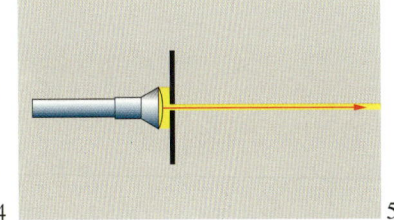
5

Schmales paralleles Lichtbündel

Gerade Linien, die von einem Punkt ausgehen, nennt man in der Geometrie Strahlen. So erklärt sich auch, dass in der Physik das Wort Lichtstrahl verwendet wird.

▶ **Den Verlauf von Lichtbündeln stellt man durch Strahlen dar.**

Die Lichtstrahlen sind eine Vereinfachung, um die Ausbreitung des Lichtes darzustellen. Solche Vereinfachungen werden in der Physik häufig verwendet, man nennt sie *Modelle*. In der Optik benutzt man also das *Modell Lichtstrahl*.

Sehen und gesehen werden im Straßenverkehr

Achtung, hier wird gebremst!

Lichtquellen im Straßenverkehr Beim Fahrrad musst du schon in der Dämmerung und auf beleuchteten Straßen die Beleuchtung einschalten. Das Licht ist wichtig, auch wenn du ohne Scheinwerfer noch gut siehst. Lichtquellen von Fahrzeugen sind nämlich nicht nur dazu da, die Straße zu beleuchten. Sie dienen auch der Information anderer Verkehrsteilnehmer. Es geht darum, nicht nur zu sehen, sondern auch gesehen zu werden!

Ein beleuchtetes Fahrzeug ist früher zu erkennen als ein unbeleuchtetes. Seine Lichter geben an, ob es bremsen oder abbiegen wird (Bild 1).

Auf der Straße dienen viele Lichtquellen der Information anderer Verkehrsteilnehmer. Auch die leuchtenden Signale an Straßenrändern dienen diesem Zweck (Bilder 2 bis 4).

Lichtquellen informieren.

Baustellen werden durch blinkende Lichtsignale gesichert.

Bei einem Fahrzeug mit Blaulicht heißt es, schnell Platz zu machen.

Streulicht im Straßenverkehr Im Straßenverkehr müssen Personen und Gegenstände auch dann gut zu sehen sein, wenn sie nicht selbst eine Lichtquelle haben: Dann ist zurückgeworfenes Licht wichtig. Fußgänger sollten nachts helle Kleidung tragen. Helle Kleidung streut nämlich mehr Licht als dunkle. Autofahrer können sie von Weitem erkennen (Bild 1).

Leuchtstreifen Die Joggerin wird auch im Dunklen gesehen! Ihre Leuchtstreifen werfen das Scheinwerferlicht der Autos bevorzugt in die Richtung zurück, aus der es kommt – also zum Auto und in die Augen des Fahrers (Bild 2).

Mit heller Kleidung bist du sichtbar. 1   Sichtbar im Scheinwerferlicht 2

Wie Reflektoren funktionieren Reflektoren (Rückstrahler) sind für alle Fahrzeuge vorgeschrieben. Fahrräder müssen auch mit Seitenreflektoren ausgestattet sein (Bild 3).

Reflektoren werfen das Licht zurück – und zwar vor allem in die Richtung, aus der sie angestrahlt werden. Autofahrer können deshalb den Reflektor eines Fahrrads gut erkennen. Ein Reflektor, der von einem Autoscheinwerfer beleuchtet wird, ist heller als das Fahrradrücklicht. Der Reflektor besteht aus vielen kleinen Ecken. In jeder dieser Ecken stehen drei Spiegelflächen senkrecht zueinander.

Achtung, toter Winkel! Rückspiegel helfen Autofahrern, von hinten kommende Verkehrsteilnehmer zu sehen. Sie können aber nicht alles sehen, was sich hinter oder neben ihnen abspielt: Wenn sich der Radfahrer im „toten Winkel" befindet, ist er im Rückspiegel nicht zu sehen (Bild 4).

Damit du im toten Winkel nicht übersehen wirst, solltest du rechtzeitig anhalten – und zwar hinter dem Lastwagen und nicht neben ihm.

Speichenreflektor 3

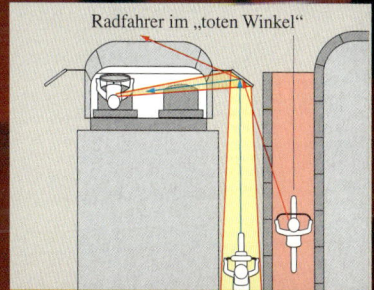

Radfahrer im „toten Winkel"

Toter Winkel 4

Lebendige Lichtquellen

Auch unter den Tieren und Pflanzen gibt es Lichtquellen – lebendige Lichtquellen! Das Leuchten ist oft für das Überleben der Lebewesen wichtig: Entweder wird damit ein Partner angelockt oder ein Beutetier. Glühwürmchen oder Johanniskäfer sind bei uns heimisch (Bild 1).

Sie bilden in besonderen Körperzellen einen Stoff, den sie zum Leuchten bringen können. Mit diesem Licht locken sich Männchen und Weibchen gegenseitig an. Tintenfische können sogar in unterschiedlichen Farben leuchten: einige weiß, andere hellblau und andere wiederum rot (Bild 2).

Glühwürmchen 1

Tintenfisch 2

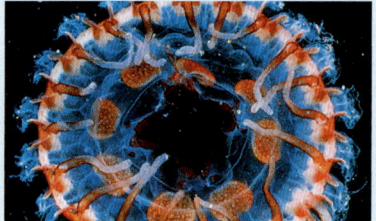

Leuchtende Pilze 3

Bild 3 zeigt Pilze, die im tropischen Regenwald wachsen. Ihr Leuchten wird von Bakterien hervorgerufen, die auf der Oberfläche der Pilze leben. Der Anglerfisch lebt in der dunklen Tiefsee. Er kann seine Beute nicht sehen. Mit seinem Leuchtorgan lockt er sie jedoch vor sein aufgerissenes Maul (Bild 6).

Die Tiefseequalle Atolla kann 4000 m tief tauchen und ihr Licht bei Bedarf „einschalten". 4

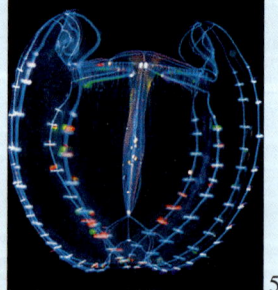

Diese Rippenqualle lebt weltweit nahe an der Wasseroberfläche. 5

Anglerfisch 6

Löcher zeichnen Bilder – Die Lochkamera

1

AUFTRAG 1

Stich mit einem Nagel in ein Stück Pappe ein Loch mit einem Durchmesser von etwa 2 mm. Versuche nun, in einem verdunkelten Raum eine Kerzenflamme mithilfe des Loches an einer Wand abzubilden. Verändere dazu die Abstände zwischen Kerze und Wand, zwischen Kerze und Loch sowie zwischen Loch und Wand!

Du wirst feststellen, dass das Loch ein Kopf stehendes und seitenverkehrtes Bild der Kerzenflamme erzeugt (Bild 1). Wie kannst du dieses Bild vergrößern oder verkleinern?

Probiere auch aus, was geschieht, wenn du ein kleineres oder ein größeres Loch verwendest!

Mit dem „Lochprinzip" kannst du sogar eine Art Kamera bauen. Bei ihr sieht man Landschaften oder andere Szenen auf einem Schirm aus Transparentpapier.

Loch, 1 mm bis 2 mm

2

schwarze Pappe

Transparentpapier

AUFTRAG 2

Baue dir eine Lochkamera!
Du brauchst eine Blechdose oder eine Papprolle mit Deckel. In die Stirnseite machst du mit einem Nagel ein kleines Loch. Auf eine Rolle aus schwarzem Karton, die genau in die Dose passt, klebst du Transparentpapier. Schiebe die Rolle mit dem Transparentpapier nach vorn in die Dose.

Wie lässt sich das Prinzip der Lochkamera verstehen?

Du weißt, dass sich Licht geradlinig ausbreitet. Es verläuft ein Lichtstrahl von einem Punkt des Gegenstandes durch das Loch zu einem dazugehörigen Punkt. Diesen nennt man zugeordneten Bildpunkt. Jedem Punkt des Gegenstandes ist genau ein Bildpunkt zuzuordnen (Bild 3).

Wenn das abbildende Loch sehr klein ist, ist das Bild am schärfsten. Aber es ist sehr lichtschwach. Bei Vergrößerung des Loches wird das Bild zwar heller, aber auch unschärfer.

Besonders eindrucksvoll ist eine große begehbare Lochkamera, in der es vollkommen dunkel ist und die nur durch ein kleines Loch Licht ins Innere lässt. So kann man im Inneren auf einer Leinwand oder einem Schirm ein farbiges Bild der Außenwelt erzeugen.

Solche dunklen Kammern, lateinisch **Camera obscura**, hat man in früheren Zeiten, als es noch keine Fotokameras gab, auf Marktplätzen aufgestellt. Die Menschen waren fasziniert von den Bildern der Kirche, des Schlosses oder der Bäume und Menschen außerhalb.

Vielleicht findet auch ihr es heute noch spannend, dass ein kleines Loch solche Bilder erzeugt?

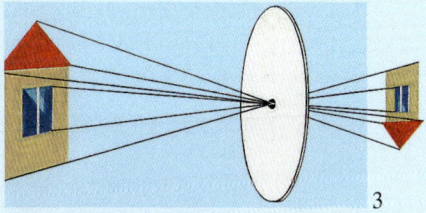

3

Bildentstehung mit einem Loch

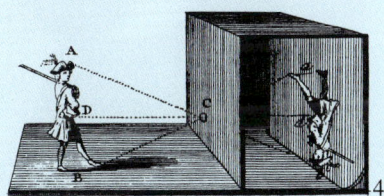

4

Camera obscura

Sonnentaler

Solche Lichtflecken (Sonnentaler) zeichnet das Sonnenlicht oft auf den schattigen Waldboden.

Bewegt der Wind die Äste des Baumes, dann schwingen diese Sonnentaler hin und her. Hier und da blinkt ein neuer Sonnentaler auf oder verlöscht; aber immer behalten sie ihre Form.

Kreisrund sind die Sonnentaler, wenn das Sonnenlicht senkrecht auf den Boden trifft. Neigt sich die Sonne dem Horizont zu, so ziehen sie sich zu Ellipsen auseinander. Unter hohen Buchen erreichen sie die Größe eines Kopfes, unter Buschwerk sind sie klein wie Münzen.

1

Aufgaben

1. Die Lücken zwischen den Blättern sind nie rund. Sie verändern ihre Form bei jedem Windstoß. Warum sind die Sonnentaler trotzdem rund oder oval?

2. Warum sind einige Sonnentaler auf Bild 1 sehr hell mit unscharfen Rändern, andere viel blasser und scharfrandiger (Bild 1)?

3. Unter welchen Umständen gibt es große, wann kleine Sonnentaler?

4. Auch Künstler haben Freude an Sonnentalern (Bild 3). Erkläre.

5. Gruppenarbeit: Fertigt ein großes Poster über Sonnentaler und ihre Entstehung an (am besten mit eigenen Fotos, Zeichnungen und Erklärungen).

6. Mit einem Experiment soll die Entstehung von Sonnentalern gezeigt werden. Plant und baut auf (Tipp: Als „Sonne" könnt ihr eine Experimentierlampe verwenden, deren runde Blende mit Transparentpapier verdeckt ist.)

7. Auch mit einem Küchensieb und einer Glühlampe kannst du „Sonnentaler" erzeugen. Halte dazu ein Küchensieb vor eine klare Glühlampe.
Das Licht soll durch die Löcher im Sieb auf eine glatte, helle Fläche fallen. Betrachte die Flecke genau und beschreibe ihre Form (Bild 2).

2

Küchensieb-Sonnentaler

3

PIERRE-AUGUSTE RENOIR: Tanz im Moulin de la Galette

1. Katzen und Eulen können in völliger Dunkelheit sehen, behaupten viele Leute. Stimmt das wirklich?
2. Wenn ein Lichtbündel in klares Wasser fällt, ist es nicht zu sehen. Was kann man tun, um das Lichtbündel im Wasser zu sehen?
3. Wo lassen sich Lichtbündel gut beobachten? Nenne Beispiele und gib jeweils an, welche Körper dabei zu sehen sind!
4. Erkläre den Satz: „Licht kann man nicht sehen!"
5. Lux will seinen Keller zu einem Hobbyraum ausbauen und die Wände streichen. Er besitzt noch dunkelgrüne und hellgelbe Farbe. Welche würdest du empfehlen? Gib eine Begründung!
6. Kinos und Theater sind oft mit schwarzem oder dunklem Stoff ausgekleidet. Gib eine Begründung dafür!
7. Warum tragen Skifahrer oft Sonnenbrillen?
8. Jemand möchte sein Zimmer mit Gardinen möglichst gut abdunkeln. Wie muss der Gardinenstoff beschaffen sein?
9. „Wasser ist durchsichtig, Papier ist undurchsichtig."
   a) Stimmt das?
   b) Nenne weitere, ähnliche Beispiele, wo man eine Überraschung erleben kann!

c) Wovon hängt die Durchsichtigkeit eines Gegenstandes ab?
10. Manche Meerestiere können das Wasser in ihrer Umgebung schwarzbraun färben.
    a) Was bezwecken sie damit?
    b) Was geschieht dabei mit dem Licht?
11. Warum sollte man bei Dunkelheit im Straßenverkehr helle Kleidung tragen?
12. Welche Teile am Fahrrad dienen deiner Sicherheit beim Fahren im Dunkeln?
    Erkläre die unterschiedliche Wirkung der Teile!
13. Die Lichtsignale für Schiffe in Küstennähe stehen auf hohen Türmen, den Leuchttürmen. Warum stehen sie nicht auf dem Boden?
14. Im Winter werden Pflanzen in Treibhäusern mit Lampen beleuchtet. Begründe warum!

1

Ein Gegenstand ist nur sichtbar, wenn von ihm ausgehendes Licht in das Auge des Beobachters fällt.

Licht, das auf einen Gegenstand trifft, wird mehr oder weniger durchgelassen, reflektiert oder absorbiert.

Das Licht an sich ist nicht sichtbar. Den Weg des Lichtes kann man aber beobachten, wenn er durch geeignete Körper, z. B. Rauch oder Nebel, sichtbar gemacht wird. Licht breitet sich geradlinig aus.

Körper, die Licht erzeugen, nennt man Lichtquellen.
Alle anderen Körper, die man sieht,
nennt man beleuchtete Körper.

In der Physik beschreiben wir das Licht mit dem Strahlenmodell. Modellvorstellungen helfen uns dabei, Sachverhalte und Experimente zu erklären und zu verstehen. Sie sind nicht die Realität selbst.

Licht und Schatten

L ucky Luke – der Mann, der den Colt schneller zieht als sein Schatten!

1

Wo Licht ist, ist auch Schatten

Dass dein Schatten sich schneller bewegt als du – das gibt es in Wirklichkeit nicht. Aber er kann größer oder kleiner als du sein, und manchmal hast du zwei Schatten. Und Schatten können sogar farbig sein. Wie entstehen Schatten?

Kleiner Schatten
2

Größerer Schatten
3

Laufender Schatten
4

Zwei Schatten
5

Farbige Schatten
6

Kleine Katze ganz groß
7

Der Dichter ADALBERT VON CHAMISSO erzählt von Peter Schlemihl, der versuchte, seinen Schatten zu verkaufen. Schattenlos fühlte er sich dann auch heimatlos und von der menschlichen Gemeinschaft ausgeschlossen. Jeder Raum, jede Landschaft, jeder Mensch, wie sähe all das aus – ohne Schatten? Dumpf, leer und tot.

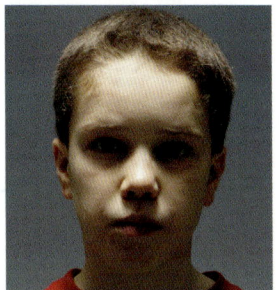 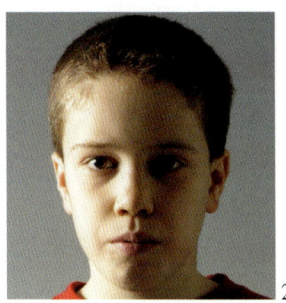 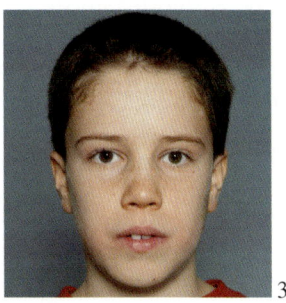 

1 2 3 4

Auch in unserem Gesicht haben wir Schatten. Wenn man die „Formen" des eigenen Gesichts als Schattenerzeuger verwendet, so wird deutlich, welche Stimmungen Licht und Schatten hervorrufen können. Bild 1 zeigt ein von oben beleuchtetes Gesicht, es entspricht der Helligkeit im Freien (oder in Räumen mit Deckenbeleuchtung). Haare, Stirn, Nasenrücken und Wangen sind hell und sehen wach aus. Bei Tage herrscht in Räumen durch Fenster oft seitliche Beleuchtung (Bild 2). Man nutzt diesen, das Profil hervorhebenden Licht-Schatten-Effekt, häufig bei Porträtfotos. Beleuchtet man ein Gesicht direkt von vorne (Bild 3), so wirkt es flach. Die Beleuchtung von unten (Bild 4) hingegen ist uns sehr fremd, sie erscheint gruselig. So ein „Lagerfeuergesicht" erlebt man im Alltag selten.

Du weißt, dass man ohne Licht nichts sehen kann. – Heißt das umgekehrt: Je mehr Licht auf einen Körper fällt, desto besser können wir ihn sehen?

5 6

EXPERIMENT 1

1 Eine weiße Kugel und ein weißer Würfel werden vor einem hellen Hintergrund schräg von einer Seite beleuchtet.

2 Die Körper werden zusätzlich mit weiteren Lampen von anderen Seiten beleuchtet. Beschreibe den Unterschied!

Werden im Experiment 1 noch mehr Lampen eingeschaltet, die die Körper auch von oben und von unten beleuchten, so gelingt es, die Körper fast „verschwinden" zu lassen. Die *Kontraste*, also die Helligkeitsunterschiede, sind dann kaum noch wahrnehmbar.

Bei einfarbigen Körpern wie diesen entstehen die Kontraste durch Schattenbildung. So kann man sagen: Zum Sehen braucht man Licht und Schatten.

Wie kann man nun die Entstehung und die Eigenschaften von Schatten genauer untersuchen?

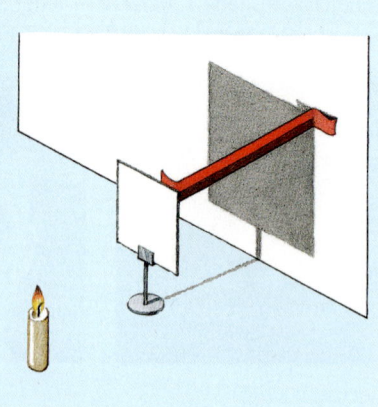

EXPERIMENT 2

Stelle ein Stück Pappe (20 cm × 20 cm) etwa 1 m von einer weißen Wand entfernt auf und beleuchte sie aus etwa 1 m Abstand mit einer kleinen Leuchte (Halogenspot oder Kerze)!

1 Untersuche die Grenze des Schattenraumes: Spanne hierzu ein Band von einer Ecke des Quadrates zu deren Schattenbild!

2 Bewege die Leuchte (bzw. die Pappe) und ermittle die Größe des Schattens im Vergleich zur Pappe. Wie groß kann der Schatten an der Wand höchstens werden? Wie groß ist er mindestens?

1

Wenn man ein breites Band von der Ecke zu deren Schattenbild spannt, kann dieses auf der ganzen Länge zur Hälfte noch beleuchtet und zur Hälfte bereits im Schatten sein. Auf dem gespannten Band ist also die Grenze zwischen Schattenraum und beleuchtetem Raum zu erkennen.

Zwischen jedem Punkt auf dem Rand der Pappe und dem zugehörigen Schattenpunkt auf der Wand könnte ein dünner Faden gespannt werden. Hier wird das Strahlenmodell mit den Fäden veranschaulicht. In Bild 2 sind die Grenzen des Schattenraumes geradlinig in Richtung der Leuchte verlängert worden. Sie treffen sich alle am Ort der kleinen Leuchte. Daran wird deutlich, dass sich das Licht geradlinig ausbreitet.

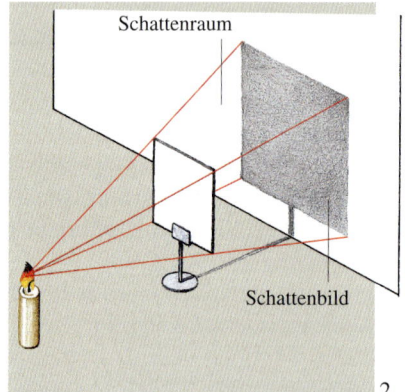

Schattenraum

Schattenbild

2

▶ **Wird ein undurchsichtiger Körper von einer Lichtquelle beleuchtet, so gibt es hinter dem Körper ein Gebiet, in das kein Licht der Quelle eindringt. Dieses Gebiet heißt Schattenraum.**

Das Licht breitet sich geradlinig aus. Daher ist auch der Schattenraum geradlinig begrenzt.

Auf dem Schirm hinter dem Körper entsteht ein Schattenbild.

Die geradlinige Lichtausbreitung ist auch der Grund dafür, dass ein Schatten seine Größe verändert, wenn der Abstand zwischen Lichtquelle und Schattengeber verändert wird. Das Licht kann nur auf geradem Weg von der Lichtquelle zum Schirm gelangen. Wo es nicht hingelangt, entsteht ein Schatten.

↑Basiskonzept
Wechselwirkung

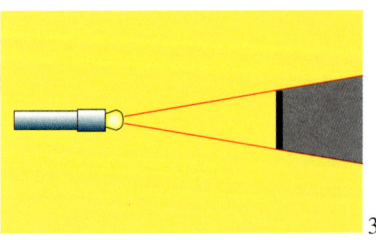
3

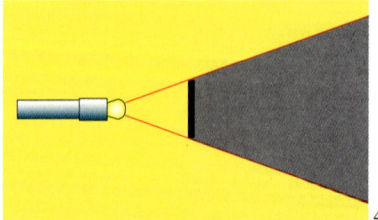
4

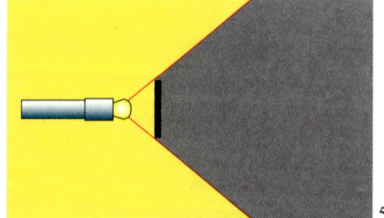
5

Anwendung des Strahlenmodells bei der Entstehung von Schatten

Was passiert, wenn ein Körper, z. B. eine Spielkarte, von zwei Kerzen beleuchtet wird?

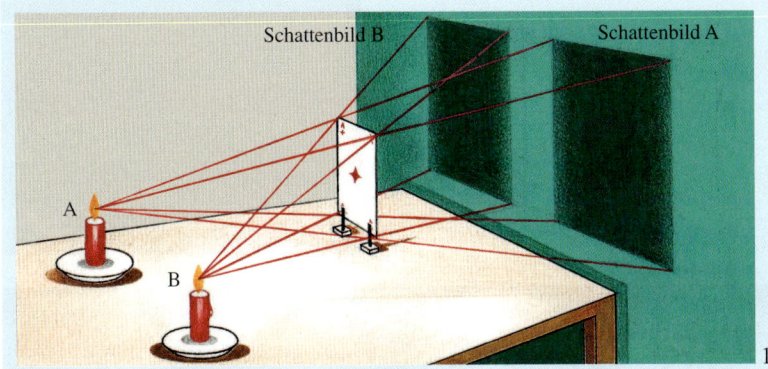

Schattenbild B　　　　Schattenbild A

A

B

1

EXPERIMENT 3

Stelle zwei Kerzen vor einer Spielkarte auf. Du erhältst zwei Schattenbilder von der Karte. Verdecke eine Kerze. Was passiert mit den Schattenbildern? Verändere jetzt den Abstand zwischen den Kerzen. Was geschieht mit den Schatten? Versuche nun zu erreichen, dass sich die Schattenbilder überlappen!

Wenn sich die beiden Schattenbilder der Spielkarte überlappen, erkennst du, dass das gemeinsame Schattenbild nicht überall gleich dunkel ist. Stelle dir vor, du befindest dich im Schattenraum hinter der Spielkarte (Bild 2). Wenn du von dort aus weder Kerze A noch Kerze B siehst, muss es dort sehr dunkel sein. Siehst du jedoch eine der Kerzen, ist es dort schon heller. Und wenn du beide siehst, bist du im hellsten Bereich (siehe dazu auch Experiment 3).

Für den Schatten, der entsteht, wenn ein Körper von zwei Lichtquellen beleuchtet wird, verwendet man folgende Bezeichnungen:

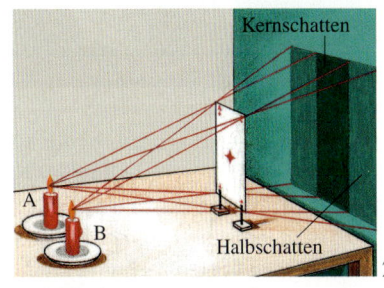

Kernschatten

A

B　　　　Halbschatten

2

> **Der Raum, der von keiner der beiden Lichtquellen beleuchtet wird, heißt Kernschatten. Der Raum, in den nur das Licht einer Lichtquelle gelangt, heißt Halbschatten.**

In den Experimenten wurden sehr kleine Lichtquellen verwendet. Dadurch entstanden Schattenbilder mit ziemlich scharfen Rändern. Nimmt man aber eine ausgedehnte Lichtquelle, etwa eine lange Leuchtstofflampe, erhält man ein unscharfes Schattenbild (Bild 3).

3

Bisher wurden die Schatten als Bilder auf einer Leinwand oder einen Schirm betrachtet und untersucht. Eine andere Perspektive bietet der Blick von hinten durch die Leinwand.

A　B　C　D　E

4

EXPERIMENT 4

1　Schaue durch kleine Löcher bei A, B, C, D und E im Schirm von hinten in Richtung der beiden Kerzen. Was siehst du jeweils? Beschreibe!

2　Verwende nun eine kleine rote und eine kleine grüne Lampe und untersuche die Schatten. Welche Art von Schatten treten auf? Welche Lampen sieht man durch welches Loch?

Licht und Schatten im Weltraum – Mondphasen

Der Mond am Himmel hat viele Gesichter. Manchmal ist er voll und rund wie die Sonne; manchmal kannst du ihn als schmale Sichel sehen.
Früher haben die Menschen die veränderliche Gestalt des Mondes – die „Mondphasen" – oft so erklärt: Die „Möndin", in vielen Sprachen ist der Mond weiblich, ist die Geliebte des Sonnengottes. In Vollmondnächten sehnt sie sich so sehr nach ihrem Geliebten, dass sie in den folgenden Nächten immer schmaler wird und ihm immer näher kommt und schließlich, bei Neumond, in seiner Liebesglut versinkt. Vor Glück wird sie dann rund und prall, bis die Sehnsucht sie wieder verzehrt.

1

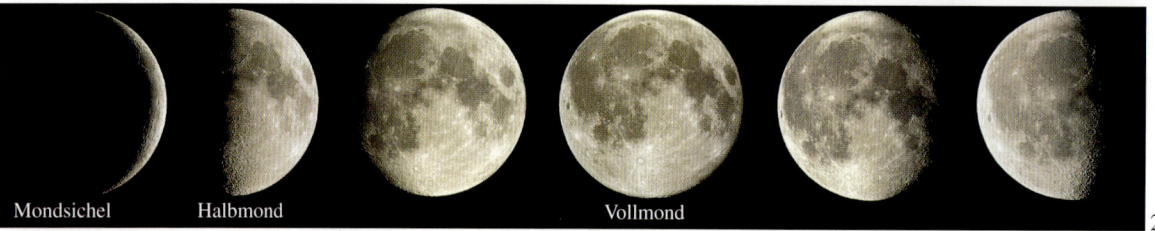

Mondsichel   Halbmond   Vollmond

2

Für die meisten Menschen ist der Mond das Himmelslicht der Nacht. Doch er ist oft auch tagsüber zu sehen und vieles deutet darauf hin, dass seine unterschiedlichen Gestalten etwas mit der Sonne zu tun haben:
– Der zunehmende Halbmond geht schon mittags auf, steht bei Sonnenuntergang hoch am Himmel und geht gegen Mitternacht unter.
– Die Sichel des abnehmenden Mondes ist nur kurz vor Sonnenaufgang in der Morgendämmerung zu sehen.
– Der Vollmond geht auf, wenn die Sonne untergeht.
Doch wie kann man verstehen, dass der Mond so regelmäßig etwa 2 Wochen lang zunimmt bis zum Vollmond und dann wieder zwei Wochen lang abnimmt, bis er als Neumond nicht mehr zu sehen ist?

abnehmender Mond

zunehmender Mond

3

4

EXPERIMENT 5

Eine Gruppe stellt sich eng zusammen. Sie sind die Beobachter auf der Erde. Eine Styroporkugel oder ein weißer Ball ist der Mond. Er wird von einer starken Lampe beleuchtet. Ein Schüler trägt den Ball über seinem Kopf um die Beobachter herum.
Zeichnet die Kugel in verschiedenen Stellungen, wie ihr sie seht.
Skizziert an der Tafel die Bahn des Mondes um die Erde sowie die Sonne. Klebt die von euch gezeichneten „Mondphasen" an die Stellen der Mondbahn, an denen ihr sie gesehen habt!

Oft ist der Mond auch am Tag zu sehen. Hälst du an einem Ball „in der Nähe" des Mondes, so erkennst du eine ähnliche Schattengrenze.

Der Mond ist stets von der Sonne zur einen Hälfte beleuchtet. Wir sehen unterschiedlich viel von dieser beleuchteten Hälfte – je nachdem, wie Mond, Erde und Sonne gerade zueinander stehen.

Bild 2 zeigt den zur Hälfte beleuchteten Mond auf seiner Bahn um die Erde.

Position 1: Wir blicken auf gleich große beleuchtete und unbeleuchtete Teile des Mondes (abnehmender Halbmond).

Position 2: Wir blicken auf einen kleinen Teil des beleuchteten Mondes. Der größere Teil des Mondes ist dunkel.

Position 3: Von der Erde aus gesehen steht der Mond etwa in Richtung der Sonne. Wir blicken auf den unbeleuchteten, dunklen Teil des Mondes (Neumond).

Position 7: Wir blicken auf die beleuchtete Halbkugel. Es ist Vollmond.

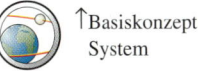 ↑Basiskonzept System

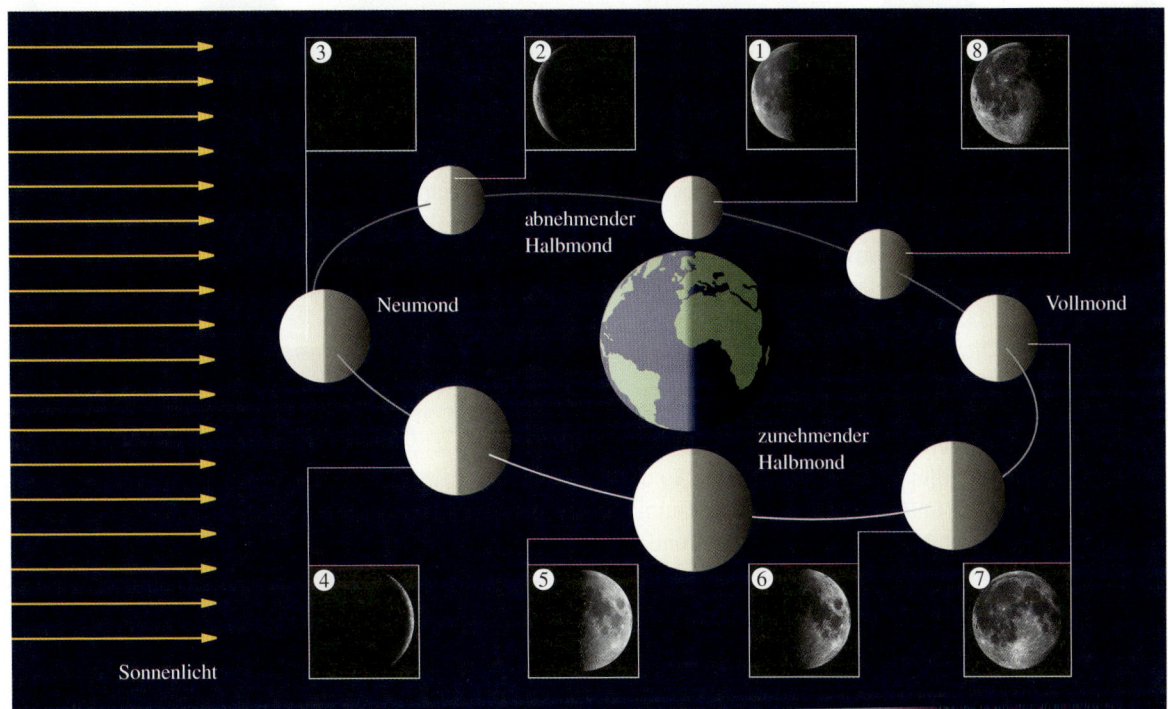

Modell der Mondphasen. Gezeichnet wurde, wie ein Raumfahrer aus großer Entfernung Erde und Mond sehen würde. Die Fotos zeigen, wie wir den Mond von der Erde aus sehen.

In vielen Kalendern steht, wann der Mond aufgeht und wann er untergeht. Auch sind dort die Mondphasen eingetragen (Bilder 3 und 4). Es dauert knapp einen Monat, bis eine bestimmte Mondphase wiederkehrt. Etwa alle 29,5 Tage gibt es einen Vollmond.

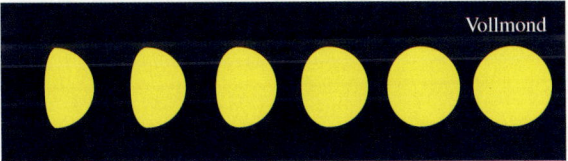

Licht und Schatten im Weltraum – Finsternisse

Etwa einmal im Jahr kannst du in einer klaren Vollmondnacht etwas Seltsames am Himmel erleben. Es ist Vollmond. Auf einmal beginnt ein runder Schatten sich von rechts über den Mond zu schieben, bis er nur noch als schmale Sichel zu sehen ist. Wenn auch die Sichel verschwunden ist, ist der Mond in einem fahlen Braunrot zu sehen. Doch dann wird eine schmale Sichel wieder hell. Nach etwa zwei Stunden steht der Mond wieder rund und voll am Himmel. Früher bekamen die Menschen Angst bei einer Mondfinsternis. Heute können wir uns dieses Schauspiel ohne Angst ansehen. Doch die Frage bleibt: Warum verschwindet der Vollmond manchmal für ein paar Stunden?

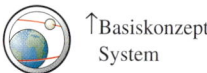
↑Basiskonzept
System

1

Normalerweise stehen Erde und Mond so zueinander, dass beide von der Sonne beleuchtet werden. Dann können wir die gewöhnlichen Mondphasen beobachten, die auf die Beleuchtung des Mondes durch die Sonne zurückzuführen sind.

Bei den so genannten Finsternissen wird aber wichtig, dass es im Weltraum hinter Erde und Mond lange Schattenräume gibt.

Mondfinsternis Die Erdkugel wird ständig von der Sonne beschienen. Hinter der Erde ist stets ein Schattenraum vorhanden, der weit in den Weltraum reicht. Da die Sonne eine ausgedehnte Lichtquelle ist, entstehen hinter der Erde Kern- und Halbschatten (Bild 2).

Der Mond umkreist einmal im Monat die Erde. In der Regel verläuft seine Bahn oberhalb oder unterhalb des Schattenraums der Erde. Bei einer Mondfinsternis streift oder durchquert der Mond den Kernschatten der Erde. Man sieht dann den Erdschatten auf dem Mond.

Bei einer Mondfinsternis liegen Sonne, Erde und Mond auf einer Geraden. Mondfinsternisse treten nur bei Vollmond auf. Im Mittel gibt es zweimal im Jahr eine Mondfinsternis. Etwa die Hälfte davon entgeht uns, weil wir uns gerade auf der Tagseite der Erde befinden. Der Schatten auf dem Mond ist unscharf, da die Sonne eine ausgedehnte Lichtquelle ist (Bild 3).

2

Der verfinsterte Mond. Den verfinsterten Mond sieht man noch schwach, weil ihn etwas Licht durch die Erdatmosphäre erreicht.

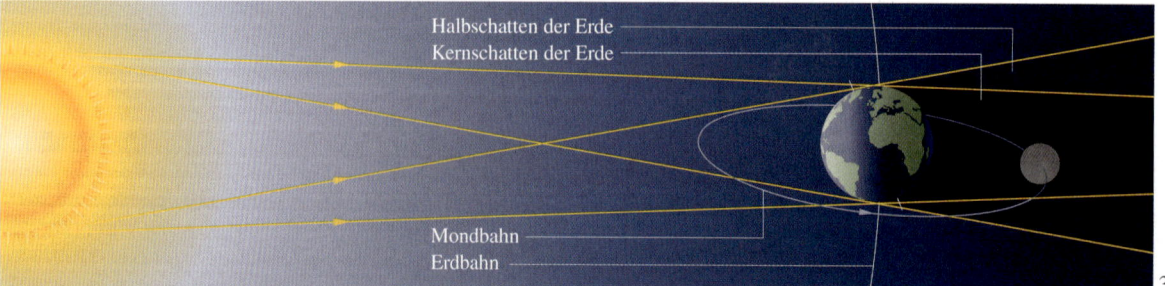
3

Entstehung einer Mondfinsternis

Sonnenfinsternis Von der Sonne aus gesehen gibt es hinter dem Mond stets einen Schattenraum (Bild 2). Normalerweise geht der Schatten an der Erde vorbei.

Bei einer Sonnenfinsternis steht der Mond zwischen Sonne und Erde. Sein Schatten fällt auf die Erde. Von der Erde aus sieht man, dass sich der Mond als schwarze Scheibe vor die Sonne schiebt. Wenn man sich im Kernschatten des Mondes aufhält, sieht man sie ganz verdeckt. Im Bereich des Halbschattens sieht man die Sonne nur teilweise verdeckt. Auch Sonnenfinsternisse treten im Mittel zweimal im Jahr auf. Sie sind jedoch selten zu beobachten, weil der Kernschatten auf der Erde nur einen Durchmesser von 200 km hat. Wo er entlangläuft, kann man die totale Sonnenfinsternis sehen. Mitten am Tag wird es dunkel und die Temperatur sinkt (Bild 1).

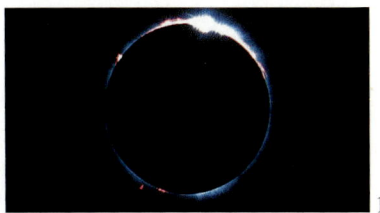

Die verfinsterte Sonne. Wenn der Mond die Sonne fast völlig verdeckt, sieht man den Rand der Sonne, der durch die Berge auf dem Mond unterbrochen wird.

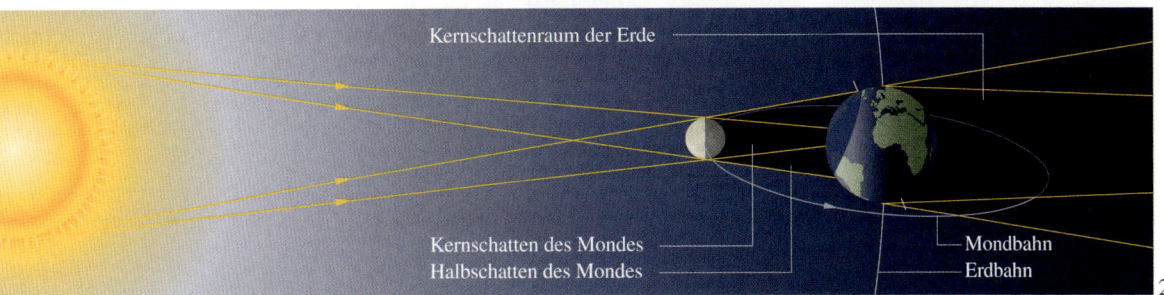

Entstehung einer Sonnenfinsternis

> Bei einer Mondfinsternis befindet sich der Mond im Schattenraum der Erde. Bei einer Sonnenfinsternis befindet sich der Mond zwischen Sonne und Erde. Dann ist ein kleiner Teil der Erdoberfläche im Schattenraum des Mondes.

EXPERIMENT 6
Wie stehen Sonne, Mond und Erde bei einer Mond- oder Sonnenfinsternis? Die Experimentierleuchte stellt die Sonne dar, der Globus die Erde und der Ball den Mond.
Stelle mit diesen „Himmelskörpern" eine Mondfinsternis und eine Sonnenfinsternis nach!

ÜBRIGENS
Die Menschen konnten schon vor sehr langer Zeit Finsternisse vorausberechnen. CHRISTOPH KOLUMBUS soll eine bevorstehende Mondfinsternis dazu genutzt haben, sich auf Jamaika den Respekt der Einheimischen zu verschaffen. Diese wollten ihm und seinen Seeleuten keine Nahrungsmittel mehr liefern. Am Abend des 29. Februar 1504 sagte KOLUMBUS zu den Stammesoberhäuptern, dass die Götter über das Verhalten der Jamaikaner erbost seien und ihnen das Mondlicht rauben würden. Als sich der Mond langsam dunkelrot färbte, erschraken sie und bedrängten KOLUMBUS, er solle für sie ein gutes Wort bei den Göttern einlegen. Kurz vor Ende der Finsternis verkündete er, dass die Götter ausnahmsweise den Mond wieder frei geben. Zum Dank erhielten die Seeleute wieder Nahrungsmittel.

Schattenspiele

Schattentheater. In Schattenbühnen werden Theaterstücke aufgeführt, bei denen die Zuschauer auf eine von der Bühnenseite her beleuchtete weiße Leinwand schauen. Kulissen, handelnde Personen, Requisiten und Gerätschaften aller Art sind als Schattenrisse zu sehen (Bild 1). Nach kurzer Spielzeit leben sich die Zuschauer meist so in die Handlung ein, dass die Schattenbilder wie echtes Theater erlebt werden.

Silhouetten. Im Jahre 1759 schlug der sozial denkende französische Finanzminister LUDWIG DES XV. ETIENNE SILHOUETTE vor, statt der bis dahin üblichen Familiengemälde Schattenrisse anzufertigen (Bild 2). Diese Silhouetten waren über ein Jahrhundert eine Mode, die sich nicht nur die Wohlhabenden leisten konnten. Daraus hat sich auch die Kunst des Scherenschnitts entwickelt. So gibt es auch von vielen berühmten Menschen vergangener Jahrhunderte Silhouetten, z. B. von JOHANN WOLFGANG GOETHE (Bild 3).

So entstand ein Schattenriss

Der junge GOETHE (um 1774)

AUFTRAG

Wenn wir sagen „auf der Wand entsteht ein Schatten", dann meinen wir damit ein Bild von einem undurchsichtigen Gegenstand, der von einer Seite beleuchtet wird. Solche Schattenbilder lassen sich auch als Vorlage für Zeichnungen oder Scherenschnitte verwenden. Wie kommt es zu diesen scharf umrissenen Bildern? Fertige Silhouetten von Freunden und Verwandten an und teste, ob man sie erkennen kann.

Je-desto-Beziehungen und Experimente

Dein Zimmer wird durch eine Schreibtischlampe beleuchtet. Wie kannst du erreichen, dass der Schatten eines aufgestellten Buchs an der Wand größer oder kleiner wird (Bild 1)?

1

In der Physik untersucht man oft, wie sich eine physikalische Größe verändert, wenn eine andere verändert wird. Zusammenhänge zwischen Größen kann man oft mit „Je … desto … Sätzen" formulieren.

Aufgabe
Bilde Je-desto-Sätze mit den Größen, die bei diesem Experiment wichtig sind.

1 *Überlege zunächst, welche Größen einen Einfluss auf die untersuchte Größe haben könnten.*
Beispiel:
Die Größe des Schattens hängt sicher von den Abständen ab, also davon, wie weit das Buch von der Wand entfernt ist (Abstand Buch-Wand) und wie weit die Lampe von der Wand entfernt ist (Abstand Lampe-Wand).

2 *Verändere eine Größe, beobachte die andere. Formuliere das Ergebnis in einem Je-desto-Satz.*
Beachte:
Du solltest immer nur eine Größe auf einmal ändern. Sonst kannst du nicht erkennen, wodurch die beobachtete Veränderung hervorgerufen wurde.
Beispiel:
Bewege das Buch auf die Wand zu oder von der Wand weg. (Die Lampe bleibt an ihrem Platz!)
Je größer der Abstand Wand-Buch, desto größer ist der Schatten.
Bewege die Lampe auf die Wand zu. (Das Buch bleibt an seinem Platz!)
Je kleiner der Abstand Lampe-Wand, desto größer ist der Schatten.

Aufgabe
Untersuche die Größe des Bildes einer Kerzenflamme hinter einer Lochblende und bilde Je-desto-Sätze. Überlege dazu vorher, wie man die Größe des Bildes beeinflussen kann (Bild 2).

2

Weißt du es?
Kannst du es

1. Welche drei Dinge sind nötig, damit ein Schattenbild entstehen kann?
2. Beschreibe Experimente, mit denen man zeigen kann, dass sich Licht geradlinig ausbreitet!
3. Warum sind Schreibtische oder Schülertische in der Klasse meistens so aufgestellt, dass das Tageslicht von links einfällt?
   Für wen ist das ein Problem?
4. Verwende unterschiedliche Lichtquellen (Kerze, Schreibtischlampe, Leuchtstofflampe) zur Erzeugung von Schatten deiner Hand an der Wand.
   Welche Schatten sind besonders scharf?
   Verändere auch die Abstände zwischen Lichtquelle und Hand sowie Hand und Wand!
5. Bei einer Fernsehübertragung stellst du fest, dass alle Fußballspieler vier Schatten haben.
   Wie ist das möglich?
   Was müsste man tun, damit es nur noch drei Schatten sind?
6. Sieh dir nachmittags den Schatten eines Laternenpfahls an. Betrachte die Ränder am Anfang und am Ende des Schattens. Beschreibe und erkläre deine Beobachtung!
7. An einer Wand werden mit einer roten und einer grünen Lampe Schattenbilder einer Vase erzeugt.
   Welche Farben haben jeweils Schatten 1 und Schatten 2? Probiere es aus!

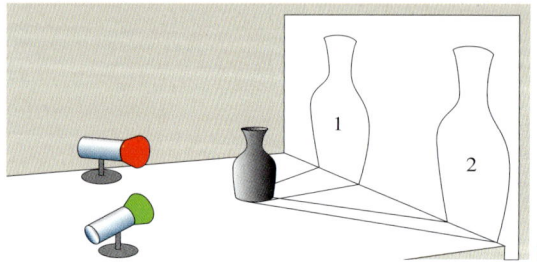

1

8 Du stehst zwischen Glühlampe und Wand.
   a) In welche Richtung musst du dich bewegen, damit dein Schatten größer wird?
   b) In welche Richtung muss die Glühlampe gezogen werden, damit dein Schatten kleiner wird?
9. Warum wird der Schatten einer Person kürzer, wenn sie sich einer Straßenlaterne nähert?
   Erkläre mit einer Skizze.
10. Wenn du bei Vollmond unter einer Straßenlaterne entlanggehst, hast du zwei Schatten. Der eine zeigt immer in die gleiche Richtung, der andere dreht sich. Erkläre.
11. Das Küken im Ei – ein Zauberkunststück.
    Du brauchst: 1 Ei, 1 Stück Pappe (mindestens 20 cm · 30 cm), 1 Bogen Transparentpapier, 1 Kerzenständer (als Halter für das Ei), 1 Holzstäbchen, 2 Kerzen (Vorsicht!), etwas Plastilin.

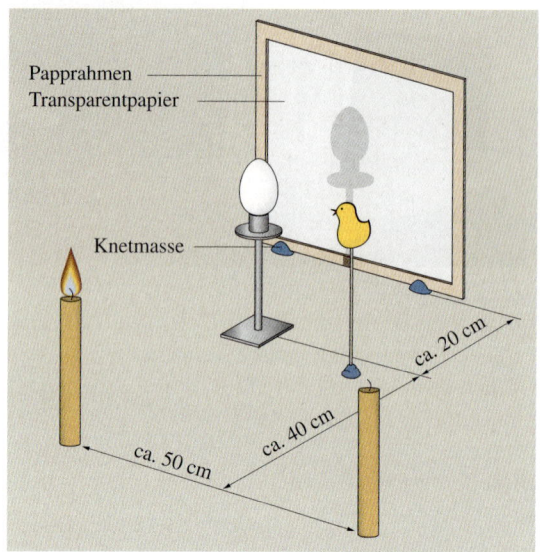

Papprahmen
Transparentpapier
Knetmasse
ca. 20 cm
ca. 40 cm
ca. 50 cm

2

a) *So wird's gemacht:* Schneide die Pappe als Rahmen zurecht und klebe das Papier darauf. Ebenfalls aus Pappe fertigst du die Silhouette eines Kükens an. Sie muss etwas kleiner als das Ei sein. Klebe das Küken an das Holzstäbchen.
   Den Schirm und das Küken kannst du mithilfe des Plastilins aufstellen. Küken und Ei sollen etwa 20 cm vor dem Schirm stehen (Bild 2).
   Zünde eine der beiden Kerzen an und stelle sie so auf, dass nur der Schatten des Eies auf dem Schirm zu sehen ist. Die zweite Kerze wird so angeordnet, dass der Schatten des Kükens an dieselbe Stelle fällt wie der des Eies.
b) Nach diesen Vorbereitungen kannst du ein Zauberkunststück vorführen, das die Zuschauer sicherlich verblüffen wird. Natürlich darf dein Publikum nicht sehen, was du hinter dem Schirm anstellst.
   Zünde zunächst die Kerze an, die das Schattenbild des Eies erzeugt (Vorsicht Brandgefahr!). Nun behauptest du, dass das Ei „durchleuchtet" wird. Du zündest dann die zweite Kerze an. Der Schatten des Eies wird dadurch heller und im Ei erscheint dunkel das Küken – wie bei einem Röntgenbild.

12. Was ist bei den folgenden Redewendungen jeweils mit dem Wort Schatten gemeint – der Schattenraum, das Schattenbild oder etwas ganz anderes?
    a) Er sitzt im Schatten eines Baumes.
    b) Abends werden die Schatten länger.
    c) Das Ereignis wirft seine Schatten voraus.
    d) Ein Schatten huscht über die Wand.

13. In Kalendern sind Mondphasen eingetragen. Zähle die Tage zwischen zwei Vollmonden! Zeichne für jeden Tag dazwischen das ungefähre Aussehen des Mondes!

14. Warum treten Mondfinsternisse nur bei Voll- und Sonnenfinsternisse nur bei Neumond ein?
    Fertige dazu eine Skizze an.

15. Erzeuge mit einer Lampe als Sonne, einem Tennisball als Erde und einer Haselnuss als Mond eine Sonnen- und eine Mondfinsternis!

16. In welcher Phase befindet sich der Mond, wenn er trotz wolkenlosen Himmels eine ganze Nacht nicht zu sehen ist?

17. Begründe anhand einer Skizze, dass Sonnenfinsternisse stets nur auf einem kleinen Teil der Erdoberfläche zu beobachten sind!

18. Am 11. August 1999 konnten Astronauten einen dunklen Fleck über die Erde wandern sehen. Wie kam dieser Fleck zustande (Bild 1)? Recherchiere im Internet, ob deine Vermutung stimmt.

1

Kurz und knapp❗

Bei einseitiger Beleuchtung entsteht hinter einem undurchsichtigen Körper ein Schattenraum.
Das Licht breitet sich geradlinig aus. Daher ist auch der Schattenraum geradlinig begrenzt.

Zwei punktförmige Lichtquellen können bewirken, dass Kern- und Halbschatten entstehen.
Der Halbschatten wird dann nur von einer der beiden Lichtquellen beleuchtet.

Mondphasen Der Mond ist ständig zur Hälfte beleuchtet. Von der Erde aus sehen wir unterschiedlich viel von der beleuchteten Mondhälfte (Mondphasen).

Finsternisse Wenn sich der Mond zwischen Erde und Sonne schiebt, entsteht auf der Erde ein Schattenbild des Mondes. Dort sieht man, wie der Mond die Sonne verdeckt (Sonnenfinsternis).
Liegt die Erde zwischen Sonne und Mond, fällt der Schatten der Erde auf den Mond (Mondfinsternis).

Reflexion des Lichtes

Jeder von uns schaut täglich mehrmals in einen Spiegel. Er ist ein vertrauter Gegenstand. Spiegelnde Wasserflächen in der Natur können uns erfreuen. Manche Spiegel vergrößern, verkleinern oder verzerren.
Eine andere verwirrende Spiegelung zeigt das nebenstehende Foto. Sind das sechs Jungen oder nur einer? Kannst du dir vorstellen, wie das Foto entstanden ist?

1

Reflexion am ebenen Spiegel

Eine ruhige Wasserfläche, Glasscheiben aber auch ebene, glatt polierte Metalle oder Steine können spiegeln.

↑Basiskonzept
Wechselwirkung

2

3

4

EXPERIMENT 1

Ein großer ebener Spiegel steht genau senkrecht auf einem weißen Tisch mit Karomuster in einem dunklen Raum. Vor ihm stehen eine brennende Kerze und ein Klebestift.
Was beobachtest du?
Beschreibe die Beobachtung genau!

5

Du erkennst die Gegenstände und ihre Spiegelbilder. Das Licht, das von den Gegenständen ausgeht, wird vom Spiegel zurückgeworfen, es wird reflektiert. Du erkennst sogar die Schatten.
Mithilfe des Karomusters lässt sich die Lage der Gegenstände sowie ihrer Spiegelbilder maßstabsgerecht zeichnen. Aus dem Experiment und der Zeichnung (Bild 1, nächsten Seite) kannst du erkennen:

– Die Geraden zwischen der Kerze bzw. dem Klebestift und ihren Spiegelbildern bilden mit dem Spiegel jeweils einen rechten Winkel.
– Die Abstände zwischen Kerze (Klebestift) und Spiegel sowie zwischen Spiegel und Spiegelbild der Kerze (des Klebestiftes) sind gleich groß.

Das entspricht deinen Erfahrungen. Berührst du mit der Nase einen Spiegel, tut dies auch dein Spiegelbild. Gehst du zurück, so erscheint dein Spiegelbild in gleichem Abstand „hinter" der Spiegelfläche.

Reflexionsgesetz

EXPERIMENT 2
Legt einen kleinen Spiegel flach auf den Fußboden. Zwei Schüler versuchen, sich aus unterschiedlichen Stellen des Raumes im Spiegel anzuschauen. Gelingt es bei einer bestimmten Stellung, so spannt ein Seil vom Auge zum Spiegel und von dort weiter zum Auge des anderen. Wiederholt das Experiment mehrmals bei anderen Stellungen und betrachtet den Verlauf des Seils. Achtet besonders auf die Winkel!

Das Experiment 2 lässt sich auch so durchführen, dass die Schülerin auf dem Stuhl dem Schüler auf der Leiter mit einer Taschenlampe über den Spiegel am Boden in die Augen leuchtet. Ist der Raum abgedunkelt und etwas Staub in der Luft, sieht man die Lichtbündel, ähnlich wie das Seil in Bild 2. Das einfallende Licht wird vom Spiegel reflektiert.

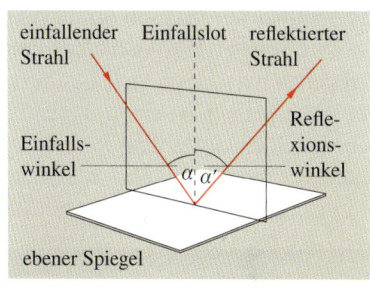

Reflexion am ebenen Spiegel

▶ **Trifft Licht auf einen Spiegel, so wird es zurückgeworfen. Man sagt auch, es wird reflektiert.**

In Bild 3 ist eine Skizze des Experiments dargestellt. Dort, wo der Lichtstrahl auf die Spiegelebene trifft, ist senkrecht zur Spiegelebene eine Hilfslinie gezeichnet. Man nennt sie das Einfallslot. Den Winkel zwischen einfallendem Strahl und Einfallslot bezeichnet man als Einfallswinkel α, den Winkel zwischen reflektiertem Strahl und Einfallslot bezeichnet man als Reflexionswinkel α'.

EXPERIMENT 3
Richte das Lichtbündel einer Heftleuchte mit Spaltblende genau auf den Mittelpunkt der Winkeleinteilung auf der Kreisscheibe. Lege den ebenen Spiegel an die Verbindungslinie der 90° Markierung.
1. Miss den Einfallswinkel α und den zugehörigen Reflexionswinkel α'! Notiere die gemessenen Winkel in einer Tabelle!
2. Führe Messungen für fünf verschiedene Einfallswinkel durch!
3. Vergleiche jeweils Einfallswinkel und Reflexionswinkel!

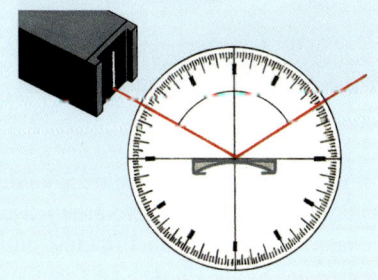

Aus all diesen Experimenten ergibt sich das **Reflexionsgesetz**:

▶ **Bei der Reflexion sind Einfallswinkel α und Reflexionswinkel α' gleich groß: $\alpha = \alpha'$.**

Das Experiment mit der Taschenlampe lässt sich auch umgekehrt durchführen: Der Schüler auf der Leiter leuchtet über den Spiegel der Schülerin auf dem Stuhl in die Augen. Es gilt immer:

 Jeder Lichtweg kann vom Licht auch in umgekehrter Richtung durchlaufen werden.

Reflektoren. Reflektoren sind für alle Fahrzeuge vorgeschrieben. Fahrräder müssen sogar mit seitlichen Reflektoren ausgestattet sein.
Reflektoren werfen das Licht in die Richtung zurück, aus der sie angestrahlt werden.
Ein Reflektor besteht aus vielen kleinen Ecken und jede dieser Ecken ist aus drei senkrecht zueinander stehenden spiegelnden Flächen zusammengesetzt.
Bild 1 zeigt eine Spiegelecke. Wenn Licht jetzt auf eine Spiegelwand trifft, dann wird es in der Ecke dreimal reflektiert und in die Richtung zurückgeworfen, aus der es kam.

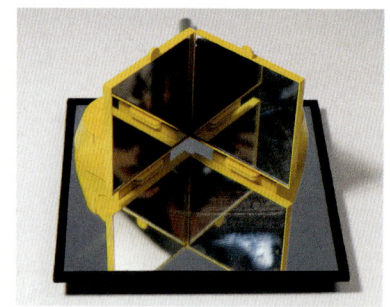
1

Wölbspiegel

In Kaufhäusern oder an Straßeneinmündungen findet man manchmal gewölbte Spiegel. Warum hängen dort eigentlich nicht ebene Spiegel? Wenn du genau hinschaust, stellst du fest:
In Wölbspiegeln ist ein größerer Teil der Umgebung zu sehen, als das bei ebenen Spiegeln der Fall wäre. In stärker gekrümmten Wölbspiegeln, nämlich versilberten Kugeln, sieht man sehr viel von der Umgebung (Bild 3). Ein ganzes Zimmer erscheint als kleines Spiegelbild!

2

3

Spiegelkugel

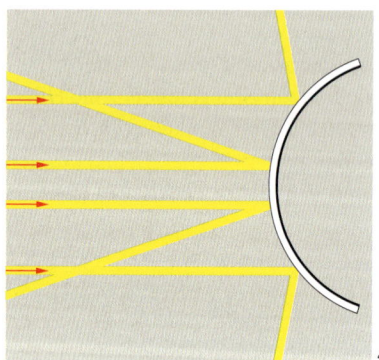
4

Reflexion paralleler Lichtbündel

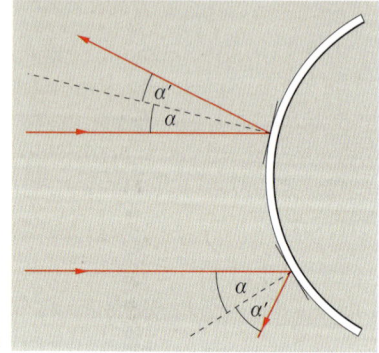
5

Reflexionsgesetz am Wölbspiegel

In Bild 4 sind vier parallele Lichtbündel auf einen Wölbspiegel gerichtet. Die reflektierten Bündel verlaufen nicht mehr parallel; sie laufen auseinander. Dieses Verhalten kannst du dir folgendermaßen erklären: Denke dir an der Stelle, an der die Lichtbündel auftreffen, jeweils einen kleinen ebenen Spiegel. Senkrecht zu diesem kleinen Spiegel kannst du dir ein Einfallslot vorstellen. Hier gilt das Reflexionsgesetz, wie es in Bild 5 dargestellt ist. So gilt an jeder Stelle eines Wölbspiegels das Reflexionsgesetz. Auf diese Weise können wir im Wölbspiegel einen größeren Ausschnitt unserer Umgebung sehen als im ebenen Spiegel.

Hohlspiegel

Nimm einen polierten Esslöffel und betrachte dich in dessen hohler Seite! Wenn du die hohle Seite ganz dicht vor das Auge hältst, erscheint ein aufrechtes Spiegelbild. Hältst du den Löffel ein paar Zentimeter weg, verschwimmt das Bild. Ab etwa 15 cm erscheint dein ganzer Kopf – und er steht Kopf. Besser lässt sich ein solches Experiment mit einem Rasier- oder Kosmetikspiegel durchführen.

Blick in den Hohlspiegel: a) große, b) mittlere und c) kleine Entfernung   1

EXPERIMENT 4

1 Stelle einen Rasierspiegel senkrecht so auf einen Tisch, dass du dich aus etwa 3 Metern Entfernung darin sehen kannst!
2 Nähere dich dem Spiegel so, dass du dein Spiegelbild nicht aus den Augen verlierst!
3 Gehe nun noch dichter an den Spiegel heran!

Aus großer Entfernung siehst du dich auf dem Kopf stehend (Bild 1a). Näherst du dich dem Spiegel, so verschwimmt das Bild bei einem bestimmten Abstand (Bild 1b). In kleiner Entfernung wird das Bild wieder scharf und du siehst dich vergrößert (Bild 1c).

Wie wird das Licht an einem Hohlspiegel reflektiert?

Einen einfachen Hohlspiegel kann man aus dem Teil einer Kugel herstellen. Ein Schnitt durch einen solchen Hohlspiegel ist in Bild 2 dargestellt. Es ergibt sich ein Kreisbogen. Die eingezeichnete Gerade, die durch den Kreismittelpunkt M verläuft, bezeichnet man als optische Achse.

Auf Bild 3 siehst du, wie Lichtbündel reflektiert werden, die parallel zur optischen Achse verlaufen. Die Lichtbündel verlaufen nach der Reflexion fast durch einen gemeinsamen Punkt.

Für Lichtbündel, die nahe an der optischen Achse liegen, kann man sagen:

▶ **Lichtbündel, die parallel zur optischen Achse auf einen Hohlspiegel treffen, verlaufen nach der Reflexion durch einen Punkt. Dieser Punkt heißt Brennpunkt F.**

Der Name „Brennpunkt" kommt aus der Erfahrung. Wenn du auf einen Kosmetikspiegel Sonnenlicht fallen lässt, kann es in seinem Brennpunkt so heiß werden, dass sich Papier dort entzündet.

An jedem Punkt des Hohlspiegels gilt wieder das Reflexionsgesetz. In jedem Punkt, wo ein Lichtbündel auftrifft, lässt sich ein Lot errichten und es gilt dort ebenfalls das Reflexionsgesetz wie beim ebenen Spiegel. Außerdem ist jeder Lichtweg umkehrbar. Daher wird ein schmales Lichtbündel, das durch den Brennpunkt auf den Hohlspiegel trifft, parallel zur optischen Achse reflektiert (Bild 4).

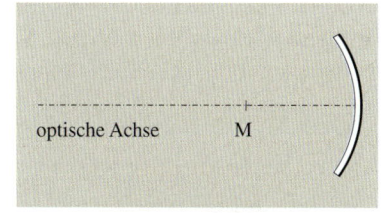

Optische Achse beim Hohlspiegel   2

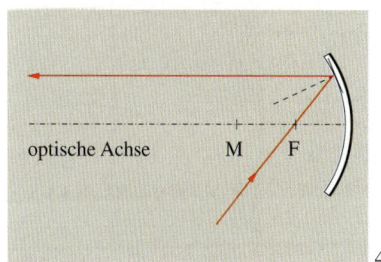

Reflexion paralleler Lichtbündel   3

Reflexion von Licht, das durch den Brennpunkt einfällt   4

Spiegel – basteln, staunen, forschen

In Spiegeln könnt ihr die wundersamsten Dinge sehen – vor allem, wenn ihr mehrere Spiegel benutzt. In diesem Projekt könnt ihr die Spiegelwelt erkunden. Eure Aufgabe besteht darin, ein verblüffendes, lustiges oder nützliches Spiegelgerät zu bauen und euren Mitschülern zu präsentieren.

Als ebene Spiegel eignen sich Spiegelkacheln aus Baumärkten. Spiegelnde Zylinder könnt ihr aus Spiegelfolie herstellen. Weitere Anregungen findet ihr auch im Internet (Stichworte z. B.: Kaleidoskop, Tripelspiegel, Anamorphosen, Spiegelzaubereien …).

Winkelspiegel erhältst du, indem du zwei Spiegelkacheln mit festem Klebeband zusammenklebst. Ein Winkelspiegel verzaubert eine Kerze in eine ganze Geburtstagstorte. Wovon hängt die Anzahl der gesehenen Kerzen ab (Bild 2)?

Kaleidoskope erzeugen eine fantastische Welt aus Farben und Formen. Im Kaleidoskop werden die Dinge 1000-fach gespiegelt. Das Wort „Kaleidoskop" kommt aus dem griechischen und heißt Schönbildseher. Baut mithilfe von Bild 3 ein Kaleidoskop (Bilder 3, 5).

Tripelspiegel klebt ihr ganz einfach aus drei Spiegelkacheln mit kräftigem Klebeband zusammen. Blickt in die Ecke und zwinkert euch mit einem Auge zu, dann erlebt ihr etwas Seltsames:
Aus einem Stift wird ein Würfel – um zu verstehen, warum, müsst ihr ganz schön grübeln und euch mit Spiegelbildern auskennen.

Periskope braucht man, um um die Ecke zu sehen, z. B. als Detektiv oder im U-Boot.
Probiert auch aus, was geschieht, wenn die beiden Spiegel nicht parallel, sondern rechtwinklig zueinander stehen (Bild 1).

Anamorphosen offenbaren dem Betrachter ihren wahren Inhalt nicht sofort. Seit der Entdeckung der Perspektive haben diese Verzerrungen die Menschen fasziniert. Verzerrte, kaum erkennbare Bilder, die nur mithilfe eines Zylinderspiegels ihre ursprüngliche Form wiederbekommen, könnt ihr aus Zeichnungen oder Fotos mit einem speziellen Computerprogramm erzeugen. Auch mit einem speziellen Raster könnt ihr diese Bilder selbst zeichnen.

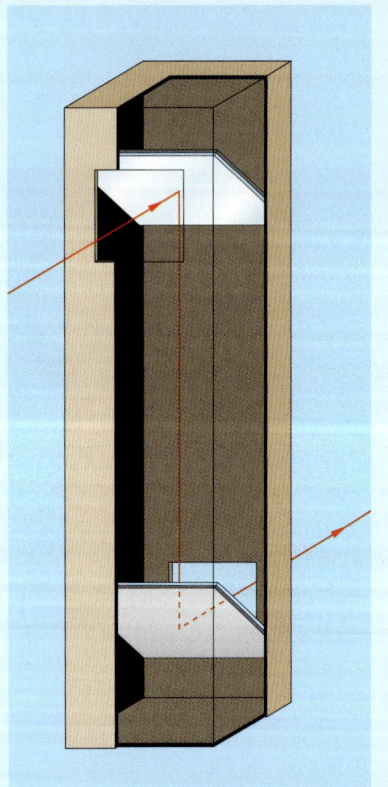

1

2

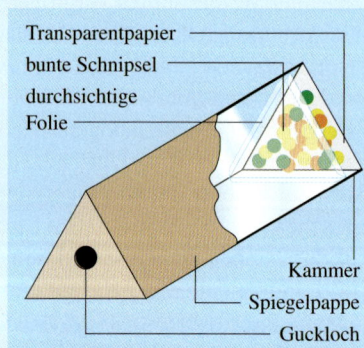

Transparentpapier
bunte Schnipsel
durchsichtige Folie
Kammer
Spiegelpappe
Guckloch

3

4

5

Hohlspiegel im Einsatz

Das Prinzip des Hohlspiegels wird in vielen verschiedenen technischen Geräten verwendet. Häufig wird dabei Licht, das vom Brennpunkt ausgeht, als paralleles Lichtbündel reflektiert. Oder es wird Licht, das von weit entfernten Lichtquellen kommt, im Brennpunkt gebündelt.

Scheinwerfer

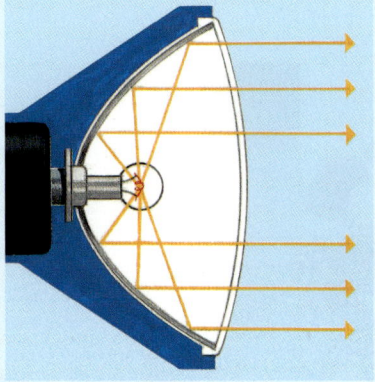

1

2

In Taschenlampen, Fahrrad- und Autoscheinwerfern oder Diaprojektoren befinden sich Hohlspiegel. Auch im Theater oder bei Konzerten werden Scheinwerfer eingesetzt. Das Licht von der Lichtquelle wird parallel in eine Richtung gebündelt. Dazu dient der Hohlspiegel. Die Lampe befindet sich dabei im Brennpunkt des Hohlspiegels.

Sonnenofen

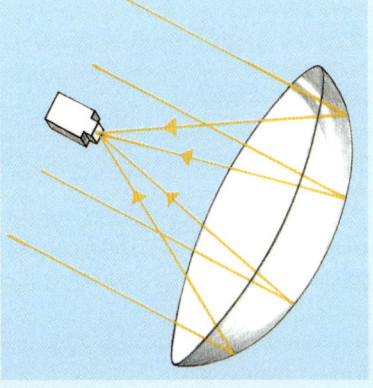

3

4

Zunehmend wird Sonnenenergie zur Versorgung mit Elektrizität und Wärme genutzt. Solche Solaranlagen sind technisch unterschiedlich gebaut. Hohlspiegel sammeln das parallele Sonnenlicht und konzentrieren es im Brennpunkt.
Mit der Wärme kann über einen Generator Elektrizität erzeugt werden. Die Spiegel müssen der Sonne nachgeführt werden.

Spiegelteleskop

5

6

Astronomen erforschen die Sterne und den Weltraum mithilfe von großen Fernrohren, die man auch Teleskope nennt. In manchen Teleskopen sind Hohlspiegel eingebaut. Solche Hohlspiegel haben sehr große Durchmesser. Das 1998 in Chile in Betrieb genommene „Very Large Telescope" besteht aus vier Geräten mit einem Durchmesser von je 8 Metern.

Seltene Schneckenhäuser

Seesterne und Muscheln sehen im Spiegel so aus wie in Wirklichkeit. Das Schneckenhaus hat der Spiegel in ein seltenes Exemplar verwandelt. Fast alle Schneckenhäuser sind rechtsdrehend. Wenn du ein linksdrehendes findest, hast du ganz großes Glück oder du hast in einen Spiegel geschaut (Bild 1).

Die Drehrichtung ändert sich, weil die Richtungen parallel zum Spiegel erhalten bleiben, die Richtungen senkrecht zur Spiegelebene aber umgedreht werden (Bild 2).

1

2

Weißt du es ?
Kannst du es

1. Wie lautet das Reflexionsgesetz?
2. Wie groß ist bei der Reflexion am ebenen Spiegel der Einfallswinkel, wenn der Winkel zwischen reflektiertem Bündel und Spiegel 60° beträgt?
3. Ein Lichtstrahl fällt zunächst senkrecht auf einen ebenen Spiegel. Um wie viel Grad muss man den Spiegel drehen, damit das Lichtbündel um 40° abgelenkt wird?
4. Wie müssen zwei Planspiegel angeordnet werden, wenn man um die Ecke schauen will?
5. Wie muss ein Lichtbündel in einem quadratischen, verspiegelten Raum verlaufen, damit es ein Quadrat beschreibt? Zeichne es auf!
6. Am ausgestreckten Arm kannst du in einem Handspiegel einen Teil deines Gesichts – von den Augen bis zum Mund – sehen. Nun willst du das ganze Gesicht sehen. Geht das?
7. Stelle dich vor einen Spiegel (Bild 3). Zeichne auf dem Spiegel mit ausgestrecktem

3

Arm die Umrisse deines Kopfes nach. Vergleiche die Größe deines Kopfes mit der Größe des Bildes auf dem Spiegel! Was stellst du fest?

8. In den weißen Kästen befinden sich ebene Spiegel. Lege auf die Bilder Transparentpapier und zeichne die Lage der Spiegel ein, zu denen die einfallenden und die reflektierten Strahlen gehören!

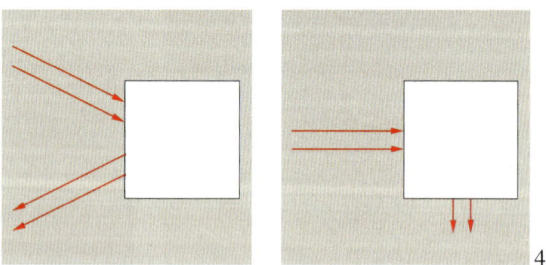

4

9. Du willst in deinem Zimmer einen ebenen Spiegel aufhängen, in dem du dich vom Scheitel bis zur Sohle sehen kannst. Wie hoch muss er mindestens sein? Würde ein Hohl- oder ein Wölbspiegel das Problem besser lösen?
10. Beim Blick in den Rückspiegel sieht der Fahrer ein Auto. In welche Richtung wird es abbiegen (Bild 1 auf der folgenden Seite)?

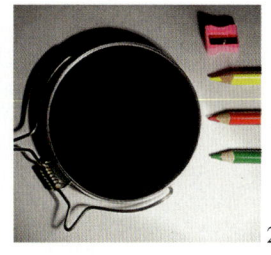

13. Was musst du tun, um mit einem Hohlspiegel Feuer anzuzünden?
14. In Andalusien entsteht ein großes solarthermisches Kraftwerk (Bild 4). Recherchiere und berichte, welche Spiegel dort zum Einsatz kommen.

11. Farbige Gegenstände und ein Spiegel werden beleuchtet (Bild 2).
Warum sieht der Spiegel schwarz aus? Was passiert mit dem Licht, das auf den Spiegel fällt?
12. Rückspiegel im Auto sind meist Wölbspiegel. Welche Vorteile haben sie gegenüber einem ebenen Spiegel? Gibt es auch Nachteile?

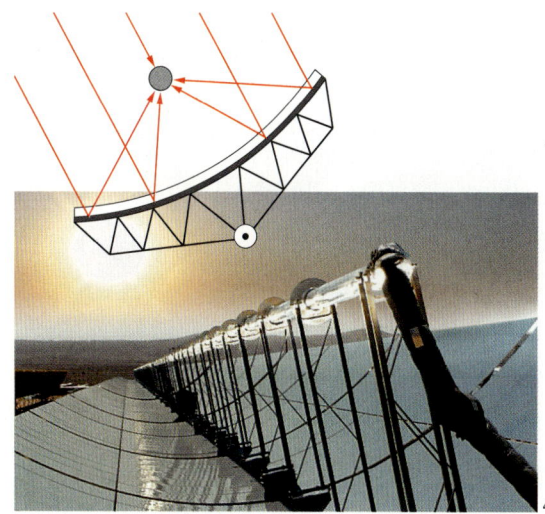

Kurz und knapp

Trifft Licht auf einen Spiegel, so wird es reflektiert.

Reflexionsgesetz
Einfallswinkel α und Reflexionswinkel α' sind gleich groß: $\alpha = \alpha'$.

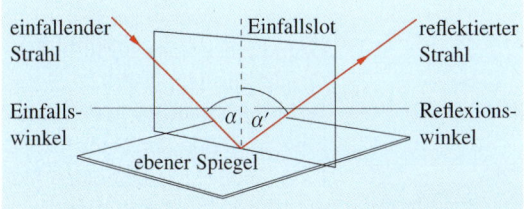

Ebener Spiegel. Einfallende parallele Lichtbündel verlaufen auch nach der Reflexion parallel.

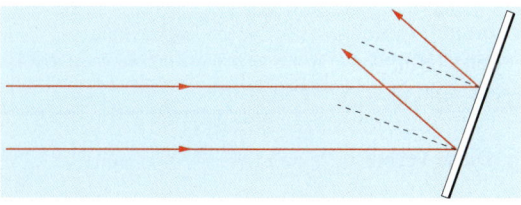

Wölbspiegel. Parallel zur optischen Achse einfallende Lichtbündel laufen nach der Reflexion auseinander.

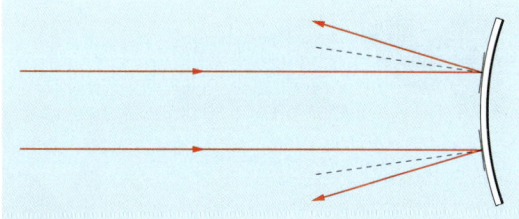

Hohlspiegel. Parallel zur optischen Achse einfallende Lichtbündel verlaufen nach der Reflexion durch den Brennpunkt.

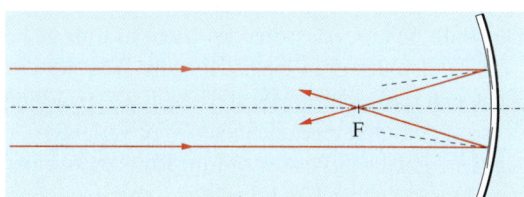

Brechung des Lichtes

Am Rand eines flachen Weihers kann man Merkwürdiges beobachten: Schräg eintauchende Schilfstängel scheinen an der Wasseroberfläche zu verzweigen und abzuknicken. Zieht man sie aus dem Wasser heraus, sind sie ganz gerade und unverzweigt!
Wie es zu dem einen „Zweig" kommt, hast du vielleicht schon herausgefunden: Er ist ein Spiegelbild des nicht eingetauchten Teils des Schilfstängels. Bei dem anderen „Zweig" handelt es sich um den eingetauchten Teil des Stängels – Reflexion spielt also keine Rolle. Was fällt dir bei diesem Teil auf?

1

Erscheinungen der optischen Brechung

Wenn man einen Stein aus dem Wasser holen will, kann es passieren, dass man daneben greift. Es gibt Indianer, die mit Pfeilen aus Booten heraus Fische jagen. Wohin müssen sie zielen, um zu treffen? Dieses kannst du mit folgenden Experimenten herausfinden:

↑Basiskonzept
Wechselwirkung

2

3

EXPERIMENT 1
Peile mit einem durchsichtigen Kunststoffrohr einen Stein (unseren „Fisch") an, der auf dem Grund eines wassergefüllten Glastroges liegt (Bild 2). Befestige das Rohr in der Stellung, in der du den Stein siehst. Lass einen starren, geraden Stab als „Pfeil" ins Rohr fallen (Bild 3). Fehlschuss!

Warum hast du nicht getroffen? Eine Antwort erhältst du, wenn du den Weg des Lichtes vom Stein ins Auge untersuchst.
Du weißt bereits, dass sich das Licht in Luft geradlinig ausbreitet. In der Luft ist also der grün eingezeichnete Weg der einzig mögliche (Bild 4). Falls sich das Licht im Wasser ebenfalls geradlinig ausbreitet, müsste es dort auf dem rot eingezeichneten Weg verlaufen.
Am Übergang von Wasser zu Luft käme es zu einem Knick. Diese Vermutung kannst du mit dem folgenden Experiment überprüfen:

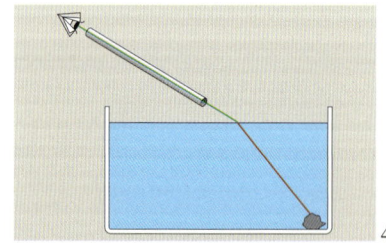

4

Richte ein Lichtbündel so von unten ein, dass es den Stein streift und
durch das Glasrohr trifft. Bringe etwas Milch oder Seife ins Wasser und
Rauch ins Rohr. Dadurch kannst du das Lichtbündel gut erkennen.

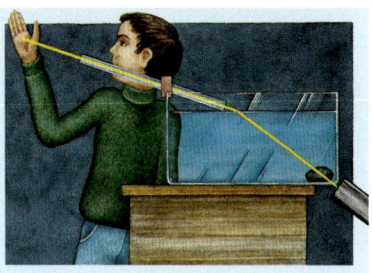

1

Du beobachtest, dass das Licht im Wasser tatsächlich geradlinig verläuft
und beim Austritt in die Luft abknickt. Man sagt dazu: Licht wird gebrochen und spricht von Brechung des Lichtes.
Schickt man ein Lichtbündel von oben durch das Glasrohr, so trifft es beim
Stein auf. Der Verlauf ist genau umgekehrt, wie in Bild 1 dargestellt. Auch
bei der Lichtbrechung ist der Lichtweg umkehrbar.
Die Beobachtungen lassen sich folgendermaßen zusammenfassen:

 **Geht ein Lichtbündel von Luft in Wasser bzw. von Wasser in Luft über,
so wird es an der Grenzfläche gebrochen.**

Brechungsgesetz

Die Brechung des Lichtes kann noch genauer untersucht werden. In Bild 2
ist der Strahlenverlauf bei der Brechung des Lichtes dargestellt. Senkrecht
zur Grenzfläche ist das Einfallslot eingezeichnet. Den Winkel zwischen
einfallendem Strahl und Einfallslot bezeichnet man als Einfallswinkel α,
den Winkel zwischen gebrochenem Strahl und Einfallslot nennt man Brechungswinkel β.
Welcher Zusammenhang besteht bei der Brechung des Lichtes zwischen
Einfallswinkel und Brechungswinkel?

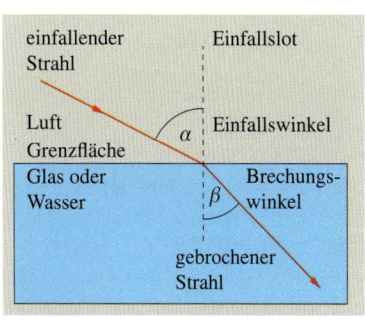

einfallender Strahl · Einfallslot · Luft Grenzfläche · Einfallswinkel · α · Glas oder Wasser · β · Brechungswinkel · gebrochener Strahl

2

1 Lenke das Lichtbündel für verschiedene Einfallswinkel α auf den Mittelpunkt der Kreisscheibe!
2 Miss den jeweils dazugehörigen Brechungswinkel β!
3 Trage die Einfallswinkel und die dazugehörigen Brechungswinkel in
   eine Tabelle ein!
4 Vergleiche den jeweiligen Betrag von Einfallswinkel und Brechungswinkel!

3

Eine mögliche Messwertetabelle sieht folgendermaßen aus:

Einfallswinkel α (in Luft):	0°	10°	20°	30°	40°	50°	60°	70°	80°
Brechungswinkel β (in Glas):	0°	6°	12°	18°	23,5°	28°	32,5°	36°	38°

Du erkennst: Beim Übergang eines Lichtbündels von Luft in Glas oder Wasser ist der Brechungswinkel immer kleiner als der Einfallswinkel. Man kann auch formulieren: Das aus der Luft kommende Licht wird zum Lot hin gebrochen. Wenn das Licht aber senkrecht auf die Grenzfläche trifft, wird es nicht gebrochen.

So lässt sich das **Brechungsgesetz** formulieren:

Wenn Lichtbündel von Luft in Glas oder Wasser übergehen, so werden sie an der Grenzfläche zum Lot hin gebrochen.
Der Brechungswinkel ist stets kleiner als der Einfallswinkel.
(Für $\alpha > 0°$ gilt immer $\beta < \alpha$.)

Aus dem Wasser leuchten

In Bild 1 befindet sich eine Lampe unter Wasser, die Lichtbündel in verschiedene Richtungen aussendet. Du erkennst: Geht Licht von Wasser in Luft über, so werden die Lichtbündel 1 bis 5 vom Lot weg gebrochen.
Fällt ein Lichtbündel senkrecht auf die Grenzfläche ($\alpha = 0°$), wird es nicht gebrochen.
Ist der Einfallswinkel im Wasser zu groß, wie bei Lichtbündel 6, gibt es keine Brechung mehr. Alles einfallende Licht wird reflektiert. Man nennt diese Erscheinung **Totalreflexion**.

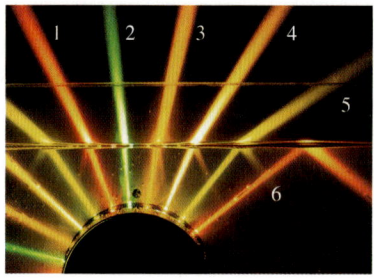

Eine Lampe unter Wasser

Aus der Natur

Der „geknickte" Stab

Ein gerader Stab, der schräg ins Wasser eintaucht, scheint an der Eintauchstelle nach oben abzuknicken (Bild 2).
Wir erklären die scheinbare Anhebung am Beispiel des Stabendes im Wasser (Bild 3). Man sieht das Stabende in der Richtung, aus der das gebrochene Lichtbündel ins Auge einfällt. In dieser Richtung liegt aber gar nicht

das tatsächliche Stabende: Es scheint, als kämen die Lichtbündel ohne Brechung vom Schnittpunkt der „verlängerten" gebrochenen Lichtbündel her. Es liegt oberhalb des Stabendes und ist ein wenig in Richtung des Auges horizontal verschoben. Dort scheint sich das untere Stabende zu befinden.

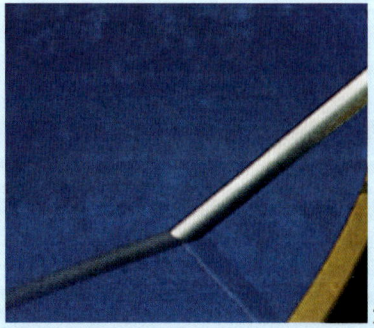

Der eingetauchte Teil des Stabs ist scheinbar angehoben.

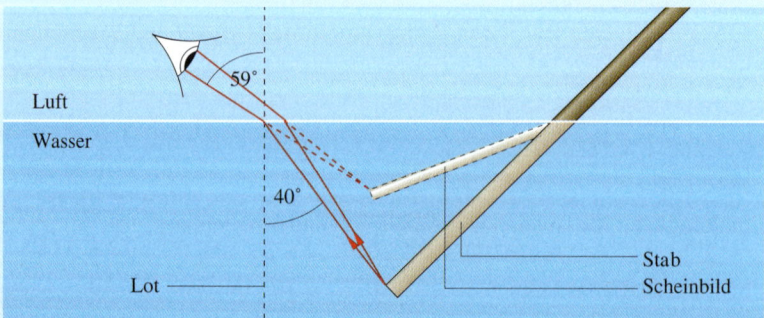

Scheinbare Hebung des Stabs durch Brechung

Weißt du es ?

Kannst du es

2

1. Eine Münze liegt am Boden einer Tasse (Bild 1). Sie wird erst sichtbar, wenn man Wasser in die Tasse füllt. Wie es dazu kommt, kannst du anhand der Zeichnung zur gefüllten Tasse erklären. Übertrage sie in dein Heft und skizziere den Lichtweg vom rot markierten Punkt ins Auge. Skizziere auch, wo man die Münze sieht.

1

4. Ein Lichtbündel trifft unter einem Einfallswinkel von 50° auf die Wasseroberfläche einer am Boden verspiegelten Wanne. Zeichne den Verlauf des Lichtbündels bis es das Wasser wieder verlässt! (Der Brechungswinkel beträgt 35°.)

5. Sind die beiden Grenzflächen eben (auch „plan" genannt) und zueinander parallel, so wie bei einer Fensterscheibe, dann spricht man in der Optik von einer planparallelen Platte. Untersuche den Verlauf des Lichtes durch eine planparallele Platte. Benutze dazu eine Experimentieranordnung wie in Bild 3. Beschreibe die Vorgänge an den beiden Grenzflächen. Vergleiche den Verlauf des in den Glaskörper eintretenden Lichtbündels mit dem Verlauf des aus dem Glaskörper austretenden Lichtbündels. Drehe die planparallele Platte und beschreibe die Veränderungen des Lichtweges!

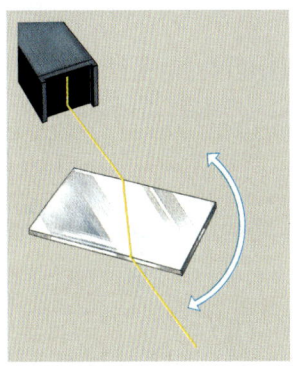

3

2. In Südamerika gibt es Indianer, die mit Speeren Fische jagen. Auf welchen Punkt – A, B oder C – muss der Jäger zielen, um den Fisch zu treffen (Bild 2)? Begründe deine Antwort.

3. Du siehst vom Ufer einen schönen Stein auf dem Grund des Sees liegen, tauchst und holst ihn an Land. Nun sieht er kleiner aus. Warum?

Kurz und knapp !

Wenn Lichtbündel von Luft in Glas oder Wasser übergehen, so werden sie an der Grenzfläche zum Lot hin gebrochen. Der Brechungswinkel ist stets kleiner als der Einfallswinkel.
Für $\alpha > 0°$ gilt immer: $\beta < \alpha$.

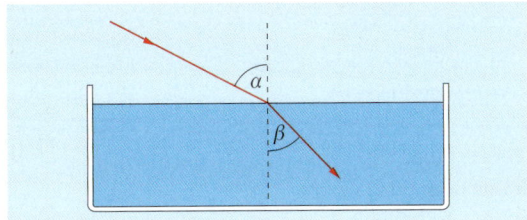

Wenn Lichtbündel von Glas oder Wasser in Luft übergehen, so werden sie an der Grenzfläche vom Lot weg gebrochen. Der Brechungswinkel ist stets größer als der Einfallswinkel.
Für $\alpha > 0°$ gilt: $\beta > \alpha$.

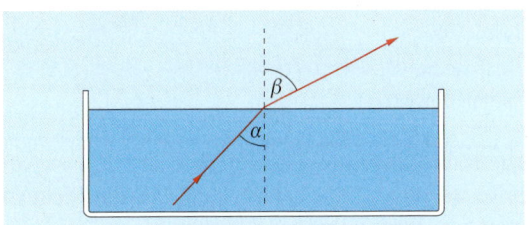

Bildentstehung mit Linsen

~istisch. *duldsam.*

Licht·*Hell*, Helligkeit, Leuchtkraft.
~quelle ~punkt. ~flut, ~meer, Ge-
funkel, -flimmer. Tages~, Sonnen~,
Himmels~. Glanz, (~)Schein, (~)Schim-
mer, (~)Strahl, ~kegel. Beleuchtung,
Lampe, Kerze. Klarheit.

Lichtbild: *Foto.*

Lichtblick: *Labsal.* Hoffnung.

lichten: *aufhellen.* (ver)*mindern.*

lichtscheu: *finster. zweifelhaft.*

Lichtspiele: *Kino.*

Lichtung: Rodung, (Kahl)Schlag,
Schneise.

liebreich

Liebsch

Techtelmec

Liebste(

Lied: G

Chor~. Son

liederlich

-solid, versc

leichtfertig,

schweifend,

unsittlich, s

Windhund,

~; Liederjan

Luder-, Lott

Wassertropfen auf einer steifen Klarsichtfolie bilden „Linsen". Damit kann man z. B. Schrift vergrößern. Für Brillen oder Lupen sind solche Wasserlinsen jedoch ungeeignet. Da braucht man einen festen Stoff.

Optische Linsen

Optische Linsen werden aus durchsichtigem Glas oder Kunststoff her-
gestellt. Wenn sie am Rand dünner sind als in der Mitte, handelt es sich um
Sammellinsen (Bild 2).
Linsen, die in der Mitte dünner sind als am Rand, heißen Zerstreuungslinsen (Bild 3).

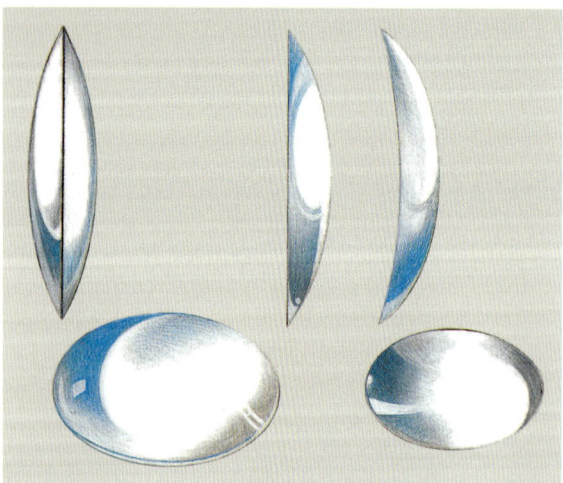

Sammellinsen

Zerstreuungslinsen

Die Namen der Linsen beschreiben ihre Eigenschaften. Mit einer Sammellinse, die du als Lupe kennst, kannst du das Licht von der Sonne oder einer
weit entfernten Lampe in einem kleinen Fleck sammeln (Bild 1, folgende

Sammeln von Sonnenlicht

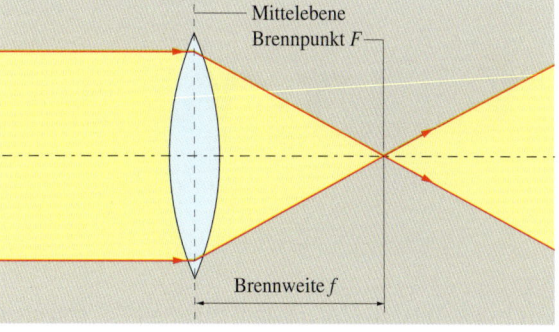

Brennpunkt einer Sammellinse

Seite). Das Licht solcher weit entfernten Gegenstände ist nahezu parallel. Der Abstand der Linse zum Sammelpunkt des Lichtes auf der Wand entspricht der Brennweite der Linse. In Bild 2 ist der Vorgang mithilfe von Lichtstrahlen dargestellt. Eigentlich wird das Licht zweimal, nämlich an den beiden Oberflächen der Linse, gebrochen. Zur Vereinfachung kann man aber die Zeichnung so ausführen, als würde nur eine Brechung an der Mittelebene der Linse auftreten. Alle parallel einfallenden Lichtstrahlen verlaufen nach der Brechung an der Linse durch den Brennpunkt.

Bildentstehung mit Sammellinsen

Mit Sammellinsen lassen sich von Gegenständen aus unserer Umgebung Bilder erzeugen (Bild 3). Diese kann man auf einer Leinwand oder einem Papierschirm auffangen.
Mit einem hell leuchtenden Gegenstand, wie einer Lampe oder Kerze, ist am besten zu experimentieren.

ÜBRIGENS

Sei vorsichtig: Probiere Brenngläser wegen der Feuergefahr nur unter Aufsicht von Erwachsenen aus!

Brennglas als „Fotoapparat"

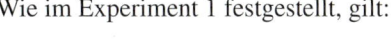

EXPERIMENT 1
Stellt eine Sammellinse mit einer Brennweite von ungefähr 100 mm etwa 20 cm vor einer Kerze auf. Bewegt den Schirm so lange, bis ihr ein scharfes Bild der Kerzenflamme erhaltet. In welchem Abstand von Linse und Schirm gelingt das? Vergleicht die Größen von Kerzenflamme und ihrem Bild!

Wie im Experiment 1 festgestellt, gilt:

↑Basiskonzept
Wechselwirkung

↑Basiskonzept
System

Befindet sich ein Gegenstand außerhalb der Brennweite einer Sammellinse, so steht sein Bild auf dem Kopf und ist seitenverkehrt. Gegenstand und Bild befinden sich auf verschiedenen Seiten der Sammellinse.

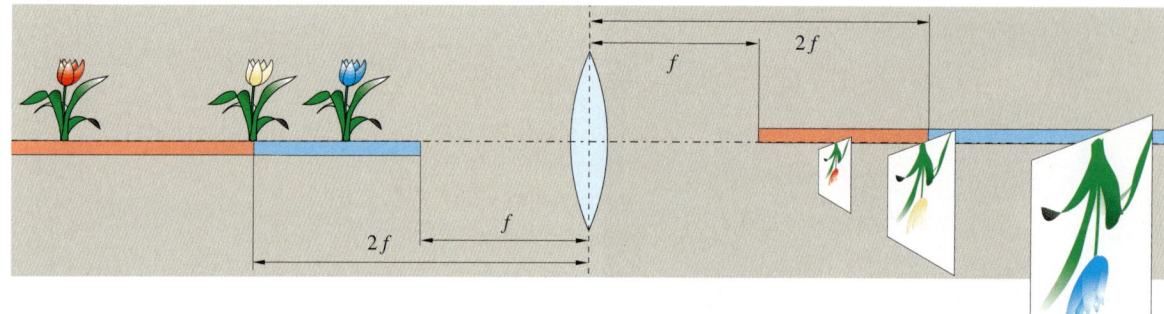

Für jeden Abstand Gegenstand–Linse gibt es genau einen Abstand Linse–Schirm, bei dem ein scharfes Bild entsteht (Bild 1).

Je nach Größe der Abstände ist das Bild größer oder kleiner als der Gegenstand. Dabei zeigen sich folgende Zusammenhänge:

Das kleinste Bild entsteht dicht am Brennpunkt, wenn der Gegenstand sehr weit weg ist (Bild 2).

Das größte Bild entsteht auf einem Schirm in großer Entfernung, wenn der Gegenstand sich dicht am Brennpunkt (aber noch außerhalb der Brennweite) befindet (Bild 4).

ÜBRIGENS

Befindet sich der Gegenstand in der doppelten Brennweite, so entsteht das Bild ebenfalls in der doppelten Brennweite. Bild und Gegenstand sind gleich groß.

Je näher die Kerze auf die Linse zurückt, umso größer wird ihr umgekehrtes Bild.

Strahlenverlauf an Sammellinsen

Wie die Bilder an Sammellinsen entstehen, kannst du dir mithilfe des Verlaufs von Lichtstrahlen erklären. Zum Strahlenverlauf kannst du auch ein einfaches Experiment machen. Vorher solltest du dir jedoch das Bild 5 anschauen: Jede Sammellinse hat zwei Brennpunkte, die symmetrisch zur Mittelebene auf der optischen Achse liegen. Du erkennst Lichtstrahlen, die parallel zur optischen Achse verlaufen; sie heißen Parallelstrahlen. Außerdem sind Brennpunkt- und Mittelpunktstrahlen eingezeichnet.

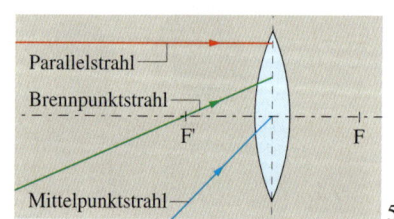

EXPERIMENT 2

1 Lege eine Sammellinse auf ein Blatt Papier und zeichne die optische Achse ein!

2 Bestimme mit Lichtbündeln, die wie Parallelstrahlen einfallen, die Brennpunkte der Linse. Zeichne beide Brennpunkte ein!

3 Richte das Lichtbündel so auf die Linse, dass es wie ein Brennpunktstrahl verläuft. Betrachte den Verlauf hinter der Linse!

4 Wiederhole das Experiment mit einem Lichtbündel, das wie ein Mittelpunktstrahl verläuft!

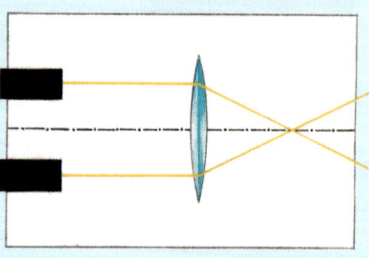

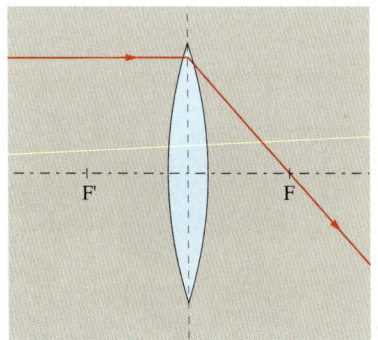
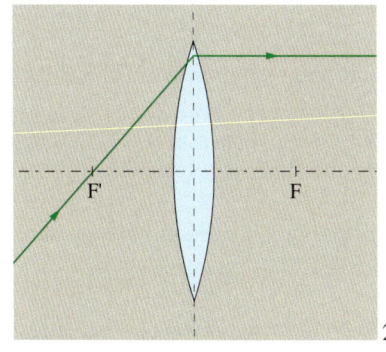
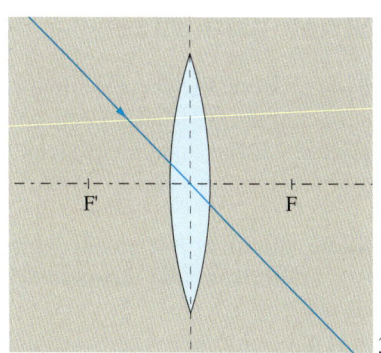

Aus Parallelstrahlen werden beim Durchgang durch Sammellinsen Brennpunktstrahlen.

Brennpunktstrahlen werden beim Durchgang durch Sammellinsen zu Parallelstrahlen.

Mittelpunktstrahlen werden durch Sammellinsen nicht gebrochen und durchlaufen sie geradlinig.

Konstruktion von Bildern

Bisher wurde der Verlauf von Lichtbündeln durch Sammellinsen untersucht und Gegenstände abgebildet. Die auf dem Schirm aufgefangenen Bilder nennt man wirkliche oder reelle Bilder.

Nun soll mithilfe der Gesetze über Lichtstrahlen an Linsen versucht werden, das Bild eines Gegenstandes zeichnerisch zu finden, man sagt: zu konstruieren.

1 Zeichne die Anordnung aus Sammellinse und Gegenstand auf. (*Tipp:* Die Linse muss nicht maßstäblich gezeichnet werden.) Zeichne die optische Achse und die Brennpunkte ein.

2 Zeichne von einem Punkt des Gegenstands den Lichtstrahl durch den Mittelpunkt der Sammellinse. Er wird nicht gebrochen.

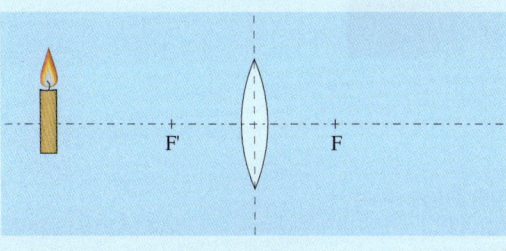

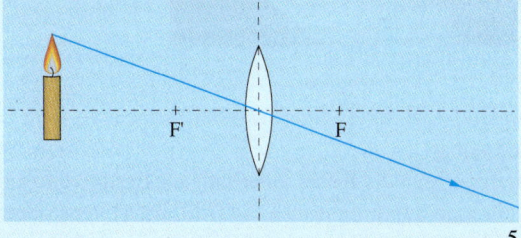

3 Zeichne vom selben Punkt einen Lichtstrahl (er kann auch außerhalb der Linse liegen) parallel zur optischen Achse bis zur Mittelebene der Linse. Von dort verläuft er durch den Brennpunkt hinter der Sammellinse.

4 Zeichne einen Lichtstrahl vom selben Punkt des Gegenstands durch den Brennpunkt vor der Sammellinse. Ab der Mittelebene verläuft er parallel zur optischen Achse. *Der Schnittpunkt der Strahlen hinter der Linse ist der Bildpunkt.*

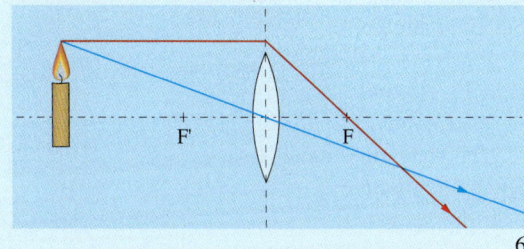

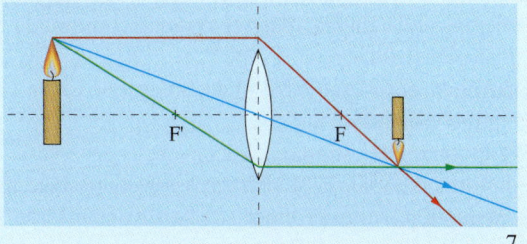

Scheinbare Bilder

Bisher hast du bei den Experimenten mit Sammellinsen wirkliche Bilder auf Schirmen aufgefangen.

Dagegen lassen sich die Spiegelbilder an einem ebenen Spiegel nicht mit einem Schirm auffangen: Sie erscheinen uns hinter der Spiegeloberfläche.

 Bilder, die nicht mit einem Schirm aufgefangen werden können, heißen scheinbare oder virtuelle Bilder.

Was mit dem Bild passiert, wenn man den Gegenstand von großer Entfernung bis zum Brennpunkt auf die Linse zu bewegt, hast du bereits untersucht (Bild 1, S. 44). Was geschieht mit dem Bild, wenn der Gegenstand noch dichter an die Linse gerückt wird, sodass er innerhalb der Brennweite steht?

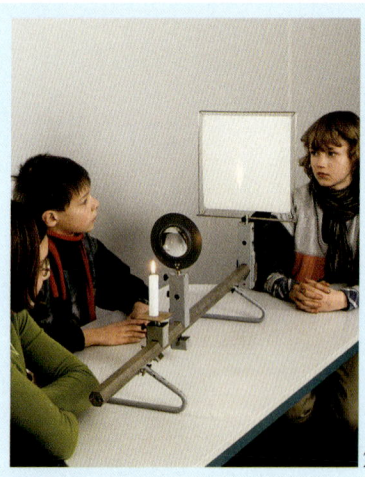

EXPERIMENT 3

1 Ordne eine Sammellinse, eine Kerze und einen Schirm so auf dem Tisch an wie in Bild 2. Betrachte den Schirm!

2 Schaue vom Schirm zur Linse (Bild 3). Was siehst du?

Im Bild 2 ist der Schirm zwar hell, aber es ist kein Bild der Kerzenflamme erkennbar.

Befindet sich die Kerze innerhalb der Brennweite einer Sammellinse, dann sieht man durch die Linse ein Bild. Es ist vergrößert und aufrecht.

Es ist ein scheinbares Bild, wie das Bild eines Spiegels. Man kann es nicht mit einem Schirm auffangen.

Für Gegenstände innerhalb der Brennweite wirken Sammellinsen als Lupe. Man kann damit kleine Dinge vergrößert betrachten, wie es z. B. Uhrmacher tun.

Wenn du nun versuchst, wie gewohnt das Bild der Kerzenspitze zu konstruieren, stellst du fest, dass es keinen Schnittpunkt der Strahlen hinter der Linse gibt (Bild 4).

Das Licht der Kerze wird nicht hinter der Linse gesammelt. Es entsteht kein reelles Bild.

Wenn man die Strahlen jedoch rückwärts verlängert, ergibt sich ein Schnittpunkt. Hier lässt sich das vergrößerte Bild hinter dem Gegenstand konstruieren. Mithilfe einer solchen Konstruktion kannst du die vergrößernde Wirkung einer Lupe bestimmen.

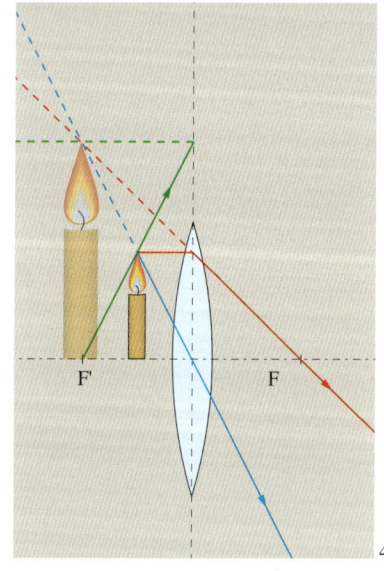

Konstruktion scheinbarer Bilder

Bildentstehung beim Auge

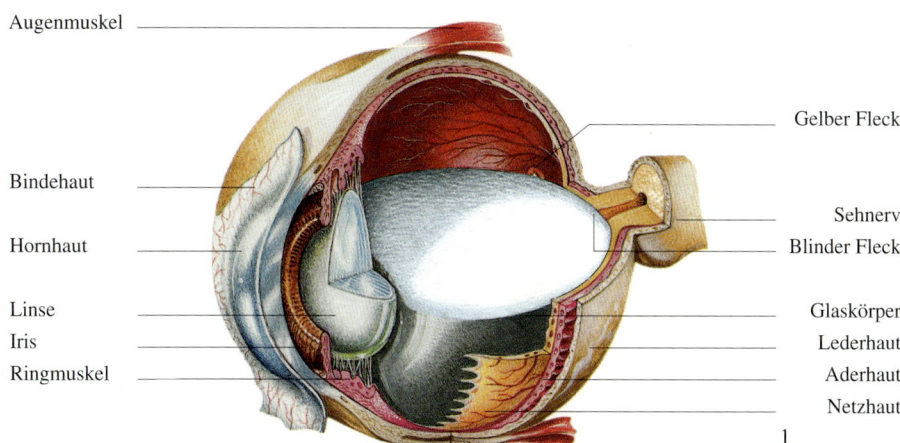

Augenmuskel

Bindehaut

Hornhaut

Linse
Iris
Ringmuskel

Gelber Fleck

Sehnerv
Blinder Fleck

Glaskörper
Lederhaut
Aderhaut
Netzhaut

1

Im menschlichen Auge trifft das Licht zuerst auf die lichtdurchlässige Hornhaut. Sie hat eine ähnliche Wirkung wie eine Sammellinse (Bild 1). Anschließend fällt das Licht durch die Pupille – ein Loch, das von der Iris umgeben ist. Iris und Pupille stellen zusammen eine Blende dar. Ihr Durchmesser beträgt bei geringem Lichteinfall bis zu 7 mm, bei starkem Lichteinfall 1 mm bis 2 mm.
Hinter der Pupille trifft das Licht auf die Augenlinse. Hornhaut und Augenlinse erzeugen auf der Netzhaut ein verkleinertes Bild.

 Der Abstand Linse–Netzhaut ist im Auge immer gleich groß. Um unterschiedlich weit entfernte Gegenstände scharf abzubilden, wird die Brennweite der Augenlinse verändert.

Mithilfe des Ringmuskels kann die elastische Augenlinse ihre Brennweite ändern. Durch diesen Vorgang, Akkommodation genannt, erfolgt eine Scharfstellung für unterschiedliche Entfernungen.
Beim Blick in die Ferne ist die Augenlinse nur schwach gewölbt, die Brennweite entspricht dem Augendurchmesser (Bild 2).
Wenn man einen nahen Gegenstand betrachtet, wölbt sich die Augenlinse stärker. Die Brennweite ist kleiner. Es entsteht wieder ein scharfes Bild auf der Netzhaut (Bild 3).

Das Netzhautbild ist nur in einem kleinen Bereich in der Netzhautmitte so scharf wie ein gutes Foto. Erst das Gehirn sorgt durch eine „Bildbearbeitung" dafür, dass uns das ganze Sehfeld scharf erscheint.

SCHON GEWUSST?

Warum sehen wir eigentlich nicht alles doppelt? Wir haben doch zwei Augen und zwei Netzhautbilder. Die Bilder, die jedes Auge einzeln sieht, werden im Gehirn zu einem gemeinsamen Eindruck verarbeitet. Meistens funktioniert dieses Zusammenfügen der beiden Netzhautbilder problemlos. Wir erhalten daraus wichtige Informationen. Unser Gehirn nutzt den Unterschied zwischen den Netzhautbildern für die Erzeugung eines räumlichen Eindrucks.

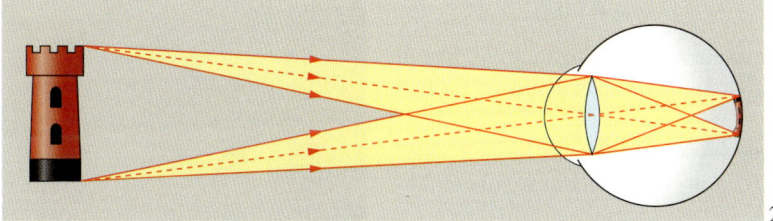

2

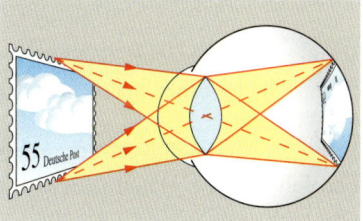

3

Bildentstehung beim Fotoapparat

Bei einem Fotoapparat sind oft mehrere Linsen hintereinander angeordnet, die man Objektiv nennt. Solche Objektive sorgen für eine bessere Abbildung, als einzelne Linsen es können. Der Abstand zwischen Objektiv und Film muss so eingestellt werden, dass der gewünschte Gegenstand auf dem Film scharf abgebildet wird (Bilder 1 und 2).

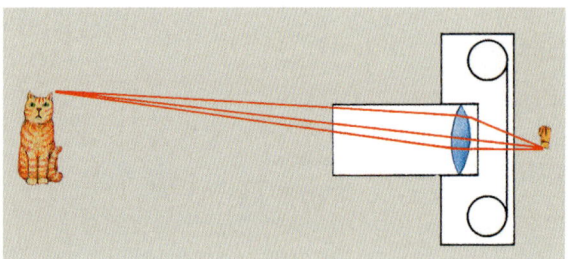 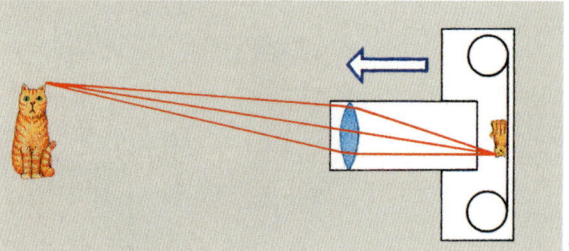

Bildentstehung beim Fernrohr

Rehe sind sehr scheu. Um ein Reh ganz genau zu betrachten, brauchst du schon ein gutes Fernglas (Bilder 3 und 4).

Bei Tag ist ein Fernglas mit der Bezeichnung „10×25" gut geeignet. Die erste Zahl – hier 10 – gibt an, um welchen Faktor das Netzhautbild vergrößert wird. Wenn das Reh in Wirklichkeit 50 m entfernt ist, kannst du es durch das Fernglas so sehen, als wäre es nur 5 m entfernt. Die zweite Zahl – hier 25 – gibt den Durchmesser der vorderen Linse (des Objektivs) in mm an. Je größer das Objektiv, desto mehr Licht fällt ins Fernglas.

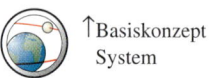 ↑Basiskonzept System

Schon mit einem Fernglas mit 8-facher Vergrößerung kannst du Krater auf dem Mond beobachten und die Monde des Jupiters entdecken. Für die Beobachtung der Saturnringe brauchst du ein Fernrohr mit etwa 40-facher Vergrößerung (Bild 5).

Weit entfernte Gegenstände erzeugen nur ein kleines Netzhautbild. Damit man auch hier Einzelheiten erkennen kann, muss das Netzhautbild vergrößert werden.
Mit zwei Sammellinsen und Stativmaterial kannst du ein Modell eines Fernrohrs bauen. Damit lassen sich z. B. weit entfernte Häuser „heranholen" und vergrößert betrachten.

EXPERIMENT 4

1 Befestige als Objektiv eine Sammellinse mit großer Brennweite am vorderen Ende des Stativstabs.
2 Richte den Stab auf die Landschaft außerhalb des Fensters. Dunkle dafür den Raum etwas ab.
3 Verschiebe den Schirm so, dass auf ihm ein umgekehrtes, scharfes Bild der Landschaft entsteht.
4 Betrachte das Bild auf dem Schirm mit der Lupe ($f=5\,\text{cm}$).
5 Entferne den Schirm. Du siehst das Bild gut, wenn du dein Auge an die Stelle des hellen Scheibchens hinter der Lupe bringst.

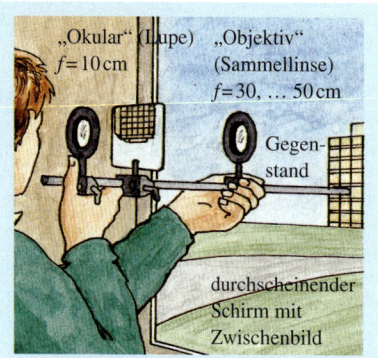

„Okular" (Lupe) $f=10\,\text{cm}$ „Objektiv" (Sammellinse) $f=30, …50\,\text{cm}$ Gegenstand durchscheinender Schirm mit Zwischenbild

1

Im einfachsten Fall bestehen Fernrohre aus zwei Linsen: dem Objektiv und dem Okular (Bild 2).

Das Objektiv hat eine große Brennweite. Man könnte mit einem Schirm in der Nähe seines Brennpunktes ein Bild der weit entfernten Gegenstände auffangen. Stattdessen lässt man aber das Licht auf das Okular fallen, das wie eine Lupe wirkt. Auf diese Weise erhält man ein vergrößertes, Kopf stehendes und seitenvertauschtes Bild.

Die Vergrößerung in einem solchen Fernrohr hängt von den Brennweiten der beiden Linsen ab. Die Brennweite des Objektivs sollte möglichst groß sein und die des Okulars möglichst klein.

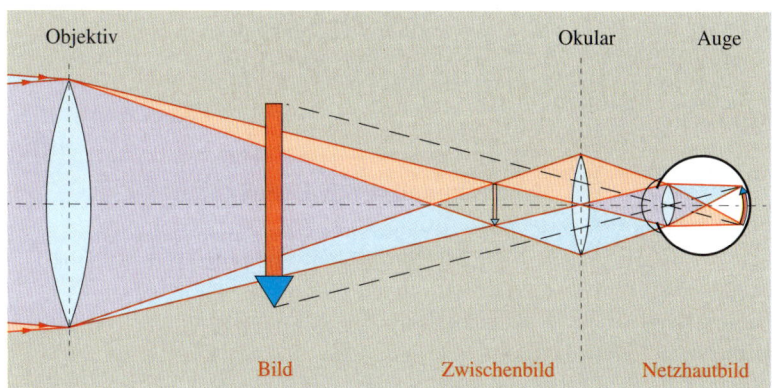

Objektiv   Okular   Auge

Bild   Zwischenbild   Netzhautbild

2

Modernes Amateurfernrohr

3

Um das Jahr 1600 bauten holländische Linsenschleifer die ersten Fernrohre. Davon erfuhr der italienische Physiker GALILEO GALILEI (1564–1642), der als Erster solche Fernrohre zur Himmelsbeobachtung einsetzte. So entdeckte er Gebirge auf dem Mond und die vier hellsten Monde des Planeten Jupiter.

Für astronomische Beobachtungen wurden die Linsenfernrohre über 300 Jahre hinweg ständig weiterentwickelt. Größere Brennweiten und Linsendurchmesser ermöglichten eine genaue Erforschung des Sternenhimmels sowie von Sonne, Planeten und Mond.

Bei Fernrohren, mit denen man Objekte auf der Erde beobachten will, stört das umgekehrte Bild. Durch eine zusätzliche Sammellinse zwischen Objektiv und Okular wird das Bild aufrecht.

Beim Arbeiten an Lernstationen durchläuft jede Gruppe die verschiedenen Stationen nacheinander. Etwas Vergleichbares kennt ihr sicherlich aus dem Sportunterricht – das Zirkeltraining.

SPIELREGELN FÜR LERNSTATIONEN

1 Die Experimente beim Stationenlernen werden vorher nicht ausführlich besprochen. Verabredet nur, welche Gruppe mit welcher Station beginnt.

2 Jede Gruppe darf höchstens vier Teilnehmer haben. Das Team arbeitet an den Stationen in eigener Verantwortung.

3 Lest die vorliegende Aufgabenstellung genau durch und beachtet alle Anweisungen.

4 Die benötigten Geräte findet ihr an der Station.

5 Jede Gruppe wertet auf einem Ergebnisblatt die Experimente aus.

6 Nach der Arbeit an einer Station räumt ihr auf und wechselt zu einer freien Station.

7 Ihr arbeitet an den Stationen völlig selbstständig. Euer Lehrer oder eure Lehrerin besucht die einzelnen Stationen, berät und hilft bei Problemen.

8 Da noch andere Gruppen im gleichen Raum arbeiten, müsst ihr leise miteinander sprechen.

LERNSTATION **1**

Hell und dunkel – wie stellt sich das Auge darauf ein?

Für diese Aufgabe braucht ihr ein „Gegenüber". Haltet die Augen für etwa eine Minute geschlossen (deckt die Augen dabei mit euren Händen ab).

Schaut euch dann gegenseitig in die Augen. Was beobachtet ihr?

LERNSTATION **2**

Nahpunkt und deutliche Sehweite

a Messt die geringste Entfernung zwischen Auge und Blatt, in der ihr diesen Text gerade noch scharf erkennen könnt („Nahpunkt").

b Bleibt in dieser Entfernung und fixiert das Wort „Nahpunkt" in der Überschrift. Schließt nun abwechselnd das rechte und das linke Auge. Was bemerkt ihr?

c Bei welchem Abstand Auge–Blatt lest ihr den Text ohne Anstrengung (deutliche Sehweite)?

LERNSTATION 3

Das Rätsel des verlorenen Punkts

Schließt das linke Auge und fixiert bei abnehmendem Abstand vom Blatt mit dem rechten Auge den linken Punkt.

Beschreibt eure Wahrnehmung.
Wie könnt ihr eure Beobachtung erklären?
Tipp: Der Name eines Augenteils führt auf die richtige Fährte.

LERNSTATION 4

Bilder der Augenlinse

Materialien: Kerze, Sammellinse und Transparentschirm auf „optischen Reitern"

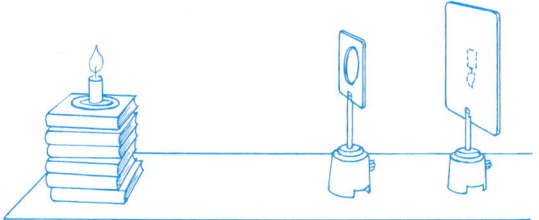

Durchführung: Stellt Linse („Augenlinse") und Schirm („Netzhaut") so auf, dass ein scharfes Bild der Kerze auf dem Schirm entsteht.

Auswertung: Vergleicht das Bild mit dem Original: Wie ist das Bild orientiert? Ist es vergrößert? … Kreuzt die richtigen Begriffe auf dem Ergebnisblatt an.

LERNSTATION 5

Was hilft gegen Kurzsichtigkeit?

Grundlagen: Bei Kurzsichtigkeit entsteht das Bild weit entfernter Gegenstände schon vor der Netzhaut.

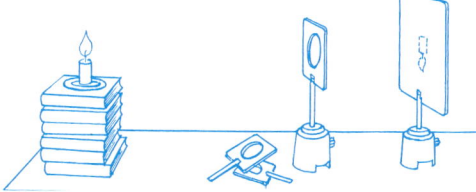

Materialien: Kerze, Sammel- und Zerstreuungslinsen auf „optischen Reitern", Transparentschirm auf „optischem Reiter"

Durchführung: Stellt ein scharfes Bild der weit entfernten Kerze auf dem Schirm her. Verschiebt den Schirm dann etwas nach hinten.
Probiert aus, mit welcher Linse als „Brille" das Weitsehen wieder scharf erfolgt.

LERNSTATION 6

Was hilft gegen Weitsichtigkeit?

Grundlagen: Bei Weitsichtigkeit entsteht das Bild eines nahen Gegenstands erst hinter der Netzhaut.

Materialien: Kerze, Sammel- und Zerstreuungslinsen auf „optischen Reitern", Transparentschirm auf „optischem Reiter"

Durchführung: Stellt ein scharfes Bild der nahen Kerze auf dem Schirm her. Verschiebt den Schirm dann etwas nach vorne.
Probiert aus, mit welcher Linse als „Brille" das Nahsehen wieder scharf erfolgt.

Auge und Sehen

Bei jedem, der Bild 1 anblickt, wird auf der Netzhaut des Auges das gleiche Netzhautbild erscheinen.
Aber manche sehen darin eine junge, andere eine
alte Frau. Mit einiger Übung kannst du die beiden Deu-
tungen sogar „umkippen" lassen. Der „Seheindruck"
wird nicht nur vom Netzhautbild festgelegt – er entsteht erst im Gehirn.
Wer noch nie ein Motorrad gesehen hat, wird in Bild 2
nur eine Ansammlung von schwarzen Flecken sehen.

Manchmal werden wir beim Sehen verunsichert oder
wir fühlen uns getäuscht. Das zeigen die Bilder 3 bis 8.

1

2

3

Sind die langen Linien wirklich krumm?

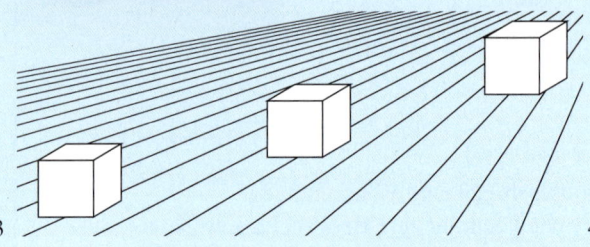

4

Sind die drei Würfel unterschiedlich groß?

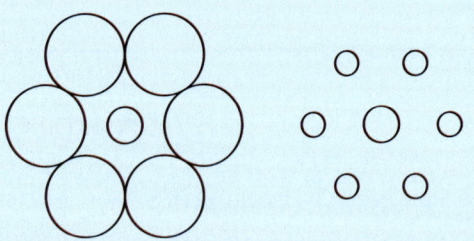

5

Vergleiche die Größe der beiden inneren Kreise.

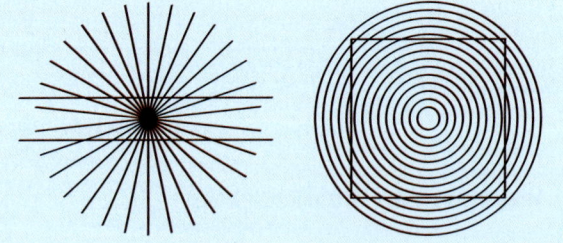

6

Sind das wirklich Parallelen und ein Quadrat?

7

Welches der Teile ist am größten?

8

Hier geht man ständig treppauf. Oder?

AUFTRÄGE
Untersucht verschiedene Täuschungen beim Sehen.

1 Kippbilder
Schau dir die Bilder 1 und 2 auf der folgenden Seite in Ruhe an. Schaffst
du es, in jedem Bild zwei Sachen zu erkennen?
Wenn du unterschiedliche Teile des Bildes verdeckst, fällt es leichter,
eine oder die andere Sache zu erkennen. Probiere es aus!

2 Kippbilder im Internet

Sucht unter den Stichworten „Optische Täuschungen Kippbild" im Internet weitere Bilder über optische Täuschungen. Stellt sie zu einer Präsentation oder zu einem Poster zusammen.

3 Größe eines Bleistifts

Lege einen Bleistift quer vor dich auf den Tisch.

a Entferne dich einige Meter von dem Bleistift, ohne ihn aus den Augen zu lassen. Hast du den Eindruck, dass der Stift kleiner wird?

b Halte nun einen zweiten, gleich großen Stift mit ausgestrecktem Arm so vor dein Auge, dass du die beiden Stifte gleichzeitig siehst. Entferne dich wieder von dem ersten Stift.
Was fällt dir auf?

1   2

4 Räumliches Sehen

Stelle einen Stift senkrecht auf den Tisch. Versuche ihn dann mit der Fingerspitze zu treffen, während du ein Auge geschlossen hältst. Überprüfe zwischendurch mit beiden Augen, warum es nicht gelingt. Suche nach einer Erklärung.

5 Zwei Netzhautbilder

Rolle ein Blatt Papier zu einer Röhre und halte es vor ein Auge (Bild 3). Mit dem anderen Auge blickst du auf die Hand, die sich direkt neben der Röhre befindet.

a Was siehst du, wenn du versuchst, mit beiden Augen zugleich auf einen fernen Gegenstand zu schauen?

b Was sieht das linke, was das rechte Auge allein?

3

6 Seltsame Fingerspitzen

Stelle dich ans Fenster. Halte beide Arme gestreckt vor dich hin – dabei die Hände so, dass sich die Zeigefinger an der Spitze berühren (Bild 4). Blicke nicht auf die Finger, sondern über sie hinweg zum Himmel. Ziehe die Fingerspitzen etwas auseinander.
Was siehst du?

4

7 Die Trägheit des Auges

a Knicke einen 10 cm · 30 cm großen Papierstreifen in der Mitte. Klappe das obere Blatt zurück und zeichne auf das untere eine einfache Figur (Bild 5).

b Wenn du das obere Blatt darüberklappst, schimmert die Figur durch. Male sie leicht verändert nach.

c Wickle das obere Blatt mit der zweiten Figur über einen Bleistift. Jetzt ist nur die erste Figur des unteren Blatts zu sehen.
Rolle nun mit dem Bleistift die zweite Figur ganz schnell über die erste und zurück …

8 Ein Daumenkino

Nimm ein altes Taschenbuch. Zeichne in die obere Ecke einer Seite ein einfaches Bild – als erstes einer ganzen Bildfolge. Auf die nächste Seite kommt das zweite, leicht veränderte Bild usw. Zum Vorführen ziehst du den Daumen an den Ecken des geschlossenen Buchs entlang.

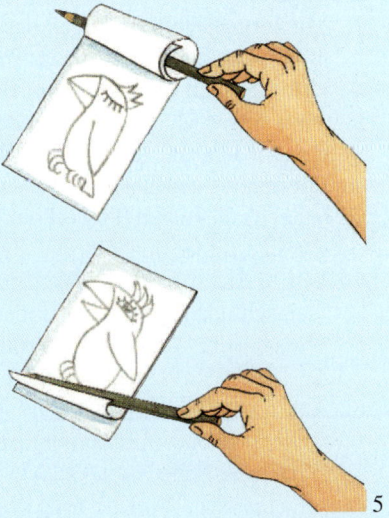

5

So korrigiert die Brille Sehfehler

Normalerweise beträgt der Abstand zwischen Hornhaut und Netzhaut 24 mm. Bei Kurzsichtigen ist der Augapfel um einige Millimeter zu lang. Dadurch entstehen Bilder von weit entfernten Gegenständen vor der Netzhaut. Das Netzhautbild ist unscharf. Die entspannte Augenlinse ist noch zu stark gewölbt, um ein scharfes Bild zu erzeugen (Bilder 1, 2).

Bei Weitsichtigen ist der Augapfel zu kurz. Die Bilder naher Gegenstände entstehen erst hinter der Netzhaut. Die Wölbung der angespannten Augenlinse ist zu gering, um das Bild scharf zu stellen (Bild 4).

Durch Brillen mit geeigneten Linsen kann man die Kurz- bzw. Weitsichtigkeit korrigieren: Zur Korrektur der Kurzsichtigkeit benutzt man Zerstreuungslinsen. Sie weiten die einfallenden Lichtbündel etwas auf. Dadurch vergrößert sich die Bildweite und das Bild entsteht auf der zu weit entfernten Netzhaut (Bild 3).

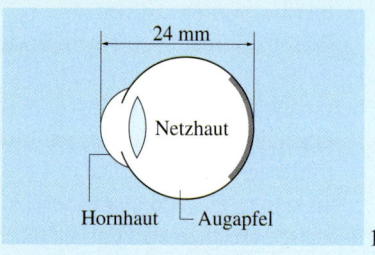

Auge eines Normalsichtigen

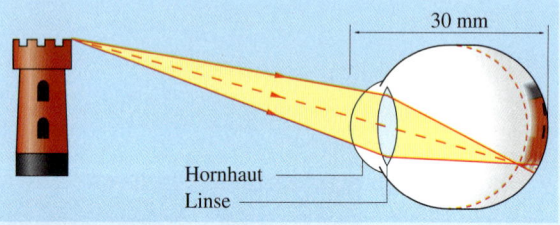

Auge eines Kurzsichtigen

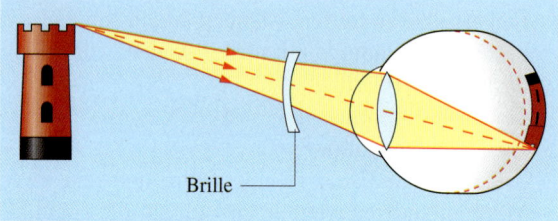

Korrektur der Kurzsichtigkeit

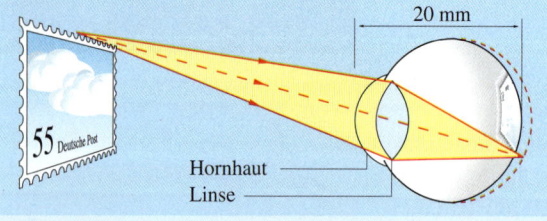

Auge eines Weitsichtigen

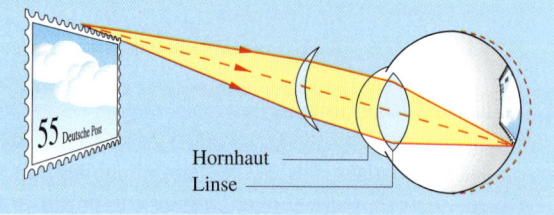

Korrektur der Weitsichtigkeit

Aufgaben

1. Mit normalsichtigen Augen liest man in einem Abstand von 25 cm bis 30 cm. Manche Kinder beugen aber ihren Kopf beim Lesen viel tiefer über ein Buch. Worauf könnte dieses Verhalten hindeuten?

2. Viele ältere Menschen sind altersweitsichtig – die Augenlinsen sind nicht mehr elastisch. Wie wird dadurch das Sehen beeinträchtigt?

3. Informiert euch über die Vor- und Nachteile von Kontaktlinsen und haltet einen kurzen (PowerPoint-) Vortrag. Geeignete, auch sehr merkwürdige Bilder findet ihr unter google Bilder.

4. Was versteht man unter Weitsichtigkeit? Erkläre, wie eine Brille die Weitsichtigkeit korrigiert (Bilder 4 und 5).

5. Wie ist deine Augenlinse gewölbt, wenn du weit entfernte Gegenstände siehst? Wie ist sie beim Betrachten naher Gegenstände gewölbt?

6. Aus einer Beschreibung: „Das Auge ist sehr vielseitig. Es kann einen Golfball in 300 m Entfernung erkennen und gleich danach einen Text in nächster Nähe lesen. Es kann sich auch an rasch wechselnde Helligkeit anpassen." Welche Teile des Auges leisten das?

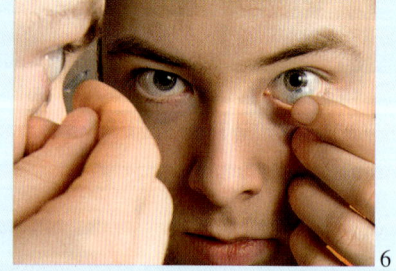

Digitalkameras

So einfach wie heute war das Fotografieren noch nie. Zu Zeiten deiner Urgroßeltern ging man zum Fotografen, um sich fotografieren zu lassen – in Festtagskleidung natürlich. Die Kamera des Fotografen – größer als ein Schuhkarton – musste auf einem Stativ montiert sein; und zum Fotografieren hängte sich der Fotograf ein schwarzes Tuch über den Kopf, um das Bild auf der Mattscheibe zu erkennen. Dann musste der Film in einem Labor entwickelt werden, Abzüge wurden gemacht – und billig war das Ganze nicht!

1

Heute nimmst du dein Handy oder deine Digicam, machst klick-klick, und schon hast du ein Foto von deinen Freundinnen, kannst es am PC ansehen, ausdrucken, mit einem Programm bearbeiten oder per Internet verschicken.

Aber immer noch hat deine Kamera eine Linse. Mit ihr wird ein umgekehrtes Bild auf dem winzigen Chip im Innern erzeugt. Dieser enthält einige Millionen Lichtsensoren, die Farbton und Helligkeit registrieren und in elektrische Signale umwandeln. Diese werden in einem Minicomputer verarbeitet und auf dem kleinen Monitor deiner Kamera zu einem Bild zusammengesetzt und elektronisch gedreht.

Und das Schönste ist, du kannst fotografieren, so viel du willst, ohne dass es viel kostet!

2

3

4

AUFTRÄGE

1 Erklärt euch gegenseitig die verschiedenen Funktionen und Einstellungen eurer Digitalkameras. Lest in den Gebrauchsanweisungen und lernt alle Möglichkeiten des Fotografierens mit euren Kameras kennen. Macht Fotoserien mit unterschiedlichen Einstellungen und fertigt ein Poster an.

2 Die Fernbedienung eines Fernsehgeräts arbeitet mit infrarotem, für unsere Augen unsichtbarem Licht. Bitte jemand, mit der Fernbedienung auf dich zu zielen. Sieh dir das Bild auf dem Monitor an, während die Fernbedienung betätigt wird.

3 Fotografiere einen Gegenstand – z. B. ein aufrecht stehendes Buch – aus verschiedenen Entfernungen (Zoomeinstellung „Weitwinkel"). Miss jeweils die Entfernung Kameralinse–Gegenstand und die Buchgröße des Bildes auf deinem PC-Monitor. Wie verändert sich die Bildgröße, wenn der Abstand verdoppelt, verdreifacht, vervierfacht … wird? Lege eine Tabelle an und formuliere eine Regel.

4 Fotografiere eine Freundin bei unterschiedlichen Helligkeiten, während sie sich bewegt. Warum werden die Bilder bewegter Gegenstände dann verschwommen?

5 Informiert euch über Vor- und Nachteile von Spiegelreflexkameras gegenüber Kompaktkameras. Welche Art ist für eure eigenen Bedürfnisse besser geeignet?

Weißt du es ❓
Kannst du es

1. Worin unterscheiden sich Sammel- und Zerstreuungslinsen?
2. Wie kannst du herausfinden, ob eine Linse eine Sammellinse ist? Wie kannst du auf einfache Weise ihre Brennweite abschätzen?
3. Man soll mittags im Sommer bei Sonnenschein nicht die Pflanzen im Garten gießen. Nicht nur weil dies Wasserverschwendung ist, sondern weil es auch einen „optischen" Grund gibt. Was geschieht, wenn man das Wasser auf die Blätter gibt (Bild 1)?

1

4. Ordne die Linsen im Bild 2 nach ihrer Brennweite. Begründe deine Entscheidung.

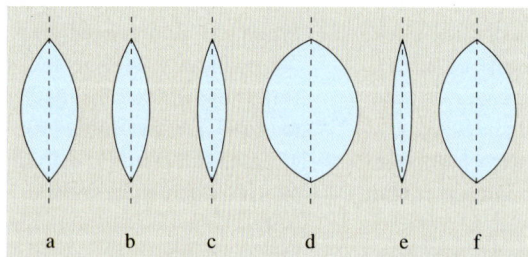

2

5. In welchem Abstand von der Sammellinse muss sich ein Gegenstand befinden, damit ein vergrößertes Bild entsteht?
6. Mithilfe einer Sammellinse wird ein durch das Fenster sichtbares Haus auf einem weißen Blatt Papier scharf abgebildet. Wie musst du die Linse verschieben, damit du den näher gelegenen Fensterrahmen scharf abbilden kannst (Bild 3)?

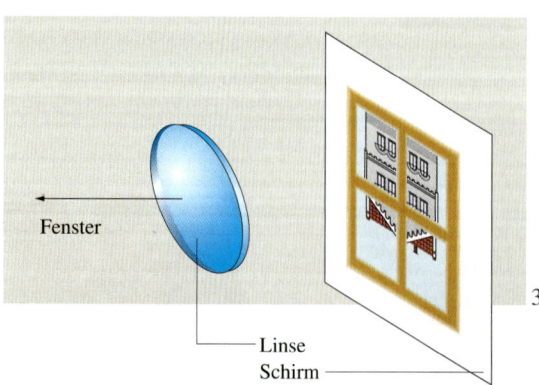

Fenster

Linse
Schirm

3

7. Wie muss ein Lichtbündel vor der Sammellinse verlaufen, wenn es hinter der Linse im Brennpunkt zusammenlaufen soll?
8. Karsten sagt: „Mit einer Sammellinse kann man Bilder in allen möglichen Abständen erzeugen."
Tim erwidert: „Nein, die Brennweite ist die kleinstmögliche Bildweite, die bei einer Sammellinse vorkommen kann."
9. Eine Kerze wird durch zwei verschiedene Sammellinsen abgebildet (Bild 4). Wie unterscheiden sich die Bilder?
   a) Du kannst diese Frage beantworten, indem du die Bilder konstruierst. Übertrage dazu die Zeichnung in dein Heft und konstruiere die Bilder der Flammenspitze (blaue Linse: Strahlen blau; rote Linse: Strahlen rot).
   b) Formuliere das Ergebnis, indem du den folgenden Satz vervollständigst: „Je größer die Brennweite der Sammellinse ist, …"!

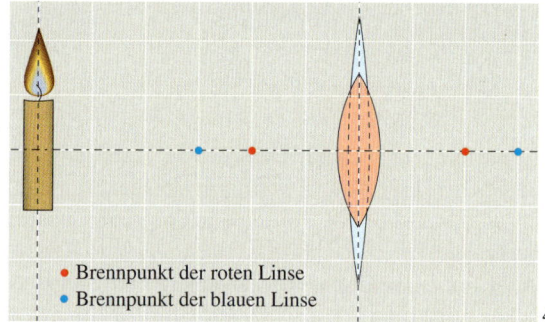

● Brennpunkt der roten Linse
● Brennpunkt der blauen Linse

4

10. Bilde mit verschiedenen durchsichtigen gekrümmten Gegenständen (Glasmurmel, ein kugelförmiges, mit Wasser gefülltes Weinglas und ein kugelförmiger, mit Wasser gefüllter Rundkolben …) das Fenster des Physikraums auf der gegenüberliegenden Wand ab (Bild 5).
Mit welchem der Geräte kannst du das kleinste Bild erzeugen? Achte auf die unterschiedliche Abstände Gegenstand–Bild!

5

11. Konstruiere das von einer Sammellinse erzeugte Bild eines Gegenstandspunkts, der 5 cm von der Linse entfernt ist und 2 cm über der optischen Achse liegt! Die Brennweite f beträgt 3 cm.

12. Wie ist deine Augenlinse gewölbt, wenn du weit entfernte Gegenstände siehst, wie beim Betrachten naher Gegenstände? Wie kommt es zu den verschiedenen Wölbungen?

13. Welche Linsen aus Bild 1 eignen sich als Brillengläser für Kurz- bzw. Weitsichtige?

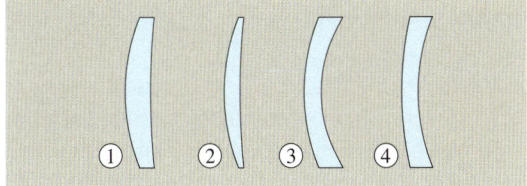

 1

14. Großvater sagt im Spaß: „Ohne Brille sind mir beim Lesen die Arme zu kurz." Wie meint er das?

15. Ein Freund kommt auf dich zu. Wie verändert sich sein Bild auf der Netzhaut deiner Augen?

16. Beschreibe die Gemeinsamkeiten bei der optischen Abbildung im Auge und im Fotoapparat. Beschreibe auch, wie in beiden Fällen das Bild scharf gestellt wird!

17. Beschreibe, wie ein Fernrohr funktioniert:
    a) Welche Aufgabe hat das Objektiv? Vergleiche das von ihm erzeugte Bild mit dem Gegenstand, der betrachtet wird.
    b) Wie unterscheidet sich das Bild, das man mithilfe des Okulars sieht, von dem Bild, das das Objektiv erzeugt?

18. Nenne verschiedene optische Geräte, die Bilder mit Linsen erzeugen.

Kurz und knapp !

Sammellinsen

Mit Linsen können Bilder erzeugt werden.
Bei der Abbildung durch Sammellinsen konstruiert man einen Bildpunkt als Schnittpunkt zweier vom Gegenstand ausgehender Strahlen. Dazu sind Parallel-, Mittelpunkt- und Brennpunktstrahlen geeignet.

Verkleinerte Bilder ergeben sich, wenn die Gegenstandsweite mehr als doppelt so groß wie die Brennweite ist.
Vergrößerte Bilder erhält man, wenn sich der Gegenstand zwischen der einfachen und der doppelten Brennweite vor der Linse befindet.

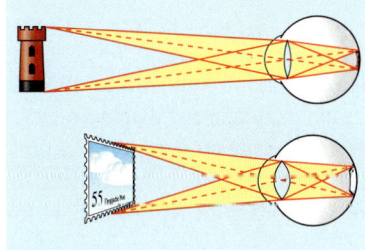

Das Auge

Damit wir sehen, muss Licht ins Auge fallen. Von den Gegenständen, die das Licht aussenden, erzeugt das Auge Bilder auf der Netzhaut. Die einfallenden Lichtbündel werden an der Hornhaut und durch die Augenlinse gebrochen.
Das Auge kann Gegenstände in verschiedenen Abständen scharf stellen, denn die Augenlinse kann ihre Brennweite verändern: Bei nahen Gegenständen wird sie stärker gewölbt, bei fernen Gegenständen schwächer.

Wenn der Augapfel zu kurz oder zu lang ist, werden Gegenstände nicht auf der Netzhaut abgebildet, sondern dahinter oder davor. Zur Korrektur der Kurzsichtigkeit dienen Zerstreuungslinsen. Sie weiten die einfallenden Lichtbündel so auf, dass das Bild auf der Netzhaut entsteht. Die Weitsichtigkeit wird mit Sammellinsen korrigiert. Sie lassen die Lichtbündel stärker zusammenlaufen, sodass das Bild auf der Netzhaut entsteht.

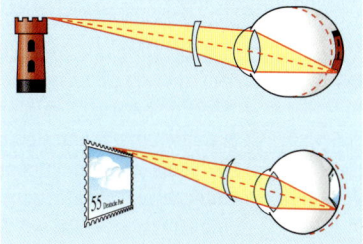

Teste dich!

1 Welche Geräte sind Lichtquellen: Kinoleinwand, Planet, Monitor, Glühwürmchen, Straßenschild?

2 Wenn du im Dunkeln an Straßenlaternen vorbeigehst, ändert sich dein Schatten auf dem Gehweg.
a Wie entsteht der Schatten?
b Wann ist der Schatten kurz, wann lang?
c Wann hast du zwei Schatten?
d Fertige jeweils eine Zeichnung an, um die unterschiedlichen Schatten zu erklären.

3 Tina sieht Martins Spiegelbild. Übertrage die Skizze ins Heft. Markiere Martins Standort. Zeichne den Lichtweg von Martins Nase bis Tinas Auge.

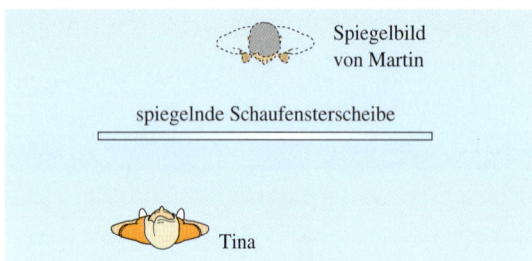

Spiegelbild von Martin

spiegelnde Schaufensterscheibe

Tina

1

4 Betrachtet man Dinge, die sich unter Wasser befinden, von oben, werden diese scheinbar angehoben. Erkläre mit einer Skizze.

5 Ein Taucher wird beobachtet. Der Beobachter sieht die Lampe des Tauchers. Skizziere in deinem Heft den Weg des Lichtes. An welcher Stelle sieht der Beobachter die Lampe (Bild 2)? Zeichne.

2

6 In welchem Abstand von der Sammellinse muss sich ein Gegenstand befinden, damit ein verkleinertes Bild entsteht?

7 Bei der Abbildung durch eine Sammellinse ($f = 10\,\text{cm}$) sind Gegenstand und Bild gleich groß. In welcher Entfernung von der Linse befindet sich dann der Gegenstand? Wo entsteht das Bild?

8 Der Lichtweg ist umkehrbar. Bei der Bildentstehung an Linsen kann man also den Gegenstand dort hinstellen, wo vorher das Bild war. Das neue Bild erscheint dann an der Stelle, wo vorher der Gegenstand war. Überprüfe die Aussage mit einer Zeichnung.

9 Das menschliche Auge erzeugt Netzhautbilder.
a Warum sind die Bilder auf der Netzhaut des Auges umgekehrt?
b Wie sorgt das Auge dafür, dass Gegenstände in unterschiedlichen Entfernungen auf der Netzhaut scharf abgebildet werden?

Schätze deine Kenntnisse und Fähigkeiten ein.
Ordne dazu deiner Lösung im Heft ein Smiley zu:
☺ Ich konnte die Aufgabe richtig lösen.
☺ Ich konnte die Aufgabe nicht komplett lösen.
☹ Ich konnte die Aufgabe nicht lösen.

❯ Die Lösungen findest du im Anhang.

Aufgabe	Fähigkeit	Hilfe findest du auf Seite ...
1	Lichtquellen und beleuchtete Körper erkennen.	9, 10
2	Entstehung und Lage von Schatten mithilfe der geradlinigen Lichtausbreitung erklären.	20, 21
3–5	Erscheinungen und Geräte, die auf Reflexion oder Brechung beruhen, erklären können.	31, 39
7, 8	Bildentstehung an Sammellinsen erklären.	43–45
9	Die Funktionsweise des Auges erklären.	47, 54

Bewegungen von Körpern

Um dich herum ist vieles in Bewegung: Fußgänger, Radfahrer, Autos, die Zeiger einer Uhr, das Wasser im Fluss. Du selbst bewegst dich gemeinsam mit der Erde ständig um die Sonne. Bei jeder Bewegung wird in einer bestimmten Zeit eine bestimmte Strecke zurückgelegt. Wie kann man diese unterschiedlichen Bewegungen beschreiben und messen?

Bewegungen

Im ICE haben die Passagiere die Möglichkeit, auf einem Display die Geschwindigkeit des Zuges abzulesen. Laut Fahrplan benötigt ein ICE von Berlin nach Hannover für die 250 km lange Strecke 1 Stunde und 40 Minuten. Kann der ICE bei der angezeigten Geschwindigkeit die Fahrzeit einhalten?

ICE 1024   14:50   21

174 km/h

1

Bewegung als Ortsveränderung

In Herbst zieht der Schäfer mit seinem Hund und seiner Herde über das Land (Bild 2). Um immer wieder zu frischem Futter zu gelangen, bewegen sich die Schafe. Sie verändern dabei ständig ihren Ort. Sicher hast du schon Pferde auf einer Koppel beobachtet. Sie galoppieren hin und her. Bald sind sie hier, bald dort (Bild 3). Auch die Menschen führen Bewegungen aus. wenn sie es eilig haben, benutzen sie Fahrzeuge. Dadurch verändern sie ihren Ort viel schneller (Bild 4).

2

3

4

▶ **Wenn sich Körper bewegen, verändern sie ihren Ort.**

Bezugssysteme. An einer auf Rot geschalteten Ampel fährt ein Autofahrer dicht auf das vor ihm stehende Auto auf. Plötzlich merkt er, dass sich sein Abstand zu dem Auto vor ihm vergrößert. Rollt er versehentlich rückwärts oder rollt das Auto vor ihm vorwärts (Bild 1, folgende Seite)?
Um sicher zu gehen, muss sich der Autofahrer einen Bezugskörper wählen, der sich in Ruhe befindet – beispielsweise die Ampel. Verändert sich der Abstand zur Ampel, erkennt der Fahrer, dass er sich mit seinem Auto bewegt.

↑Basiskonzept
System

Ein Körper kann sich immer nur relativ zu etwas anderem bewegen. Die Bewegung eines Körpers ist also die Veränderung seines Ortes relativ zu einem Bezugskörper. Oft denkt man sich ein Koordinatensystem und beschreibt die Bewegung der Körper relativ zu diesem Koordinatensystem. Man spricht von einem Bezugssystem.

Nimmt man als Bezugssystem das Auto, so befindet sich der Fahrer in Bezug auf sein Auto in Ruhe.

1

> **Ein Körper kann gleichzeitig bezüglich des einen Bezugssystems in Ruhe sein, sich jedoch bezüglich eines anderen bewegen.**

Wenn du im Zug sitzt und einen Zug auf dem Nachbargleis beobachtest, dann kannst du nicht sofort sagen, ob zum Beispiel, dieser oder dein Zug anfährt. Du musst dir erst einen Bezugskörper suchen, um festzustellen welcher Zug sich bewegt.

2

Verschiedene Formen von Bewegungen

Ein Bummel durch einen Vergnügungspark macht immer wieder Spaß! Alles bewegt sich: die Menschen, die Karussells, die Schaukeln und die Autoscooter. Die Bewegungen verlaufen aber sehr unterschiedlich: geradeaus, im Kreis und hin und her.

Du kannst die verschiedenen Formen der Bewegung nicht nur sehen, sondern auch erleben. Du kannst mit dem Wagen die Achterbahn hinauffahren oder im „Freefall" hinabsausen. Dann bewegst du dich geradeaus. Du führst eine **geradlinige Bewegung** aus (Bild 3).

Wenn du auf einem Kettenkarussell sitzt oder in der Gondel eines Riesenrades, so bewegst du dich immer rundherum auf einem Kreis (Bild 4). Eine solche Bewegung nennt man **Kreisbewegung**.

Wenn du hin und her pendeln willst, dann musst du mit einer Luftschaukel fahren (Bild 5). Dort erlebst du eine **Schwingung**.

3

Geradlinige Bewegung

> **Bei den Bewegungsformen kann man zwischen geradliniger Bewegung, Kreisbewegung und Schwingung unterscheiden.**

4

Kreisbewegung

5

Schwingung

Die physikalische Größe Weg

Wenn du dein ferngesteuertes Spielzeugauto auf einem mit 40 cm breiten Platten belegten Fußweg fahren lässt, so tritt beim Übergang von einer zur anderen Platte immer ein Knackgeräusch auf. Die Fuge, an der das Auto startet, stellt einen ersten Ort dar, die nächste Fuge den zweiten Ort, die darauffolgende den dritten Ort usw.

Beim Bewegen gelangt das Auto immer von einem Ort zum nächstfolgenden. Zwischen zwei Fugen legt es immer eine Strecke von 40 cm zurück. Diese Strecke nennt der Physiker Weg. Der Weg wird meistens mit dem Buchstaben s gekennzeichnet. Er wird wie die Länge in Metern gemessen.

1

> **Der Weg gibt an, wie groß die Veränderung des Ortes ist. Das Formelzeichen für den Weg ist s, die Einheit für den Weg ist Meter (m).**

Die physikalische Größe Zeit

Die Erde dreht sich in einem Tag einmal um ihre Achse. Diese Zeit hat man in 24 Stunden eingeteilt. Jede Stunde umfasst 60 Minuten und jede Minute 60 Sekunden.

Wenn sich dein Spielzeugauto von einem Ort zum anderen bewegt, dann vergeht dabei eine bestimmte Zeit. Die Zeit kennzeichnet der Physiker mit dem Buchstaben t. Einheiten der Zeit sind Stunde (h), Minute (min) und Sekunde (s). Die Zeit wird mit einer Uhr gemessen. Für kurze Zeiten verwendet man meist eine Stoppuhr (Bild 2). Durch Drücken auf die Stoppuhr kennzeichnet man den Beginn der Messung und durch erneutes Drücken das Ende. Die Stoppuhr zeigt dann die gemessene Zeit an.

2

> **Beim Bewegungsvorgang erfolgt die Ortsänderung in einer bestimmten Zeit. Das Formelzeichen für die Zeit ist t, Einheiten für die Zeit sind Stunde (h), Minute (min) und Sekunde (s).**

Die Geschwindigkeit eines Körpers

Die Menschen im Verkehr bewegen sich unterschiedlich schnell. Die Fußgänger gehen langsam, die Radfahrer fahren schneller. Noch schneller bewegen sich die Autos (Bild 3). Plötzlich rast ein Motorrad vorbei. „Der fährt doch viel zu schnell!", sagt einer von euch. „Wie schnell darf er denn hier fahren?", fragt der andere. Um das genau anzugeben, muss man die physikalische Größe Geschwindigkeit kennen.

3

> **Die Geschwindigkeit gibt an, wie schnell oder langsam sich ein Körper bewegt.**

Bei einem Wettbewerb für Heißluftballons hat der Sieger nach einer Flugzeit von 3 Stunden einen Weg von 120 km zurückgelegt. Der Zweitplatzierte landet zu dieser Zeit nach einer Flugstrecke von 99 km. Welcher Ballon hatte die größere Geschwindigkeit (Bild 1, folgende Seite).

↑Basiskonzept
System

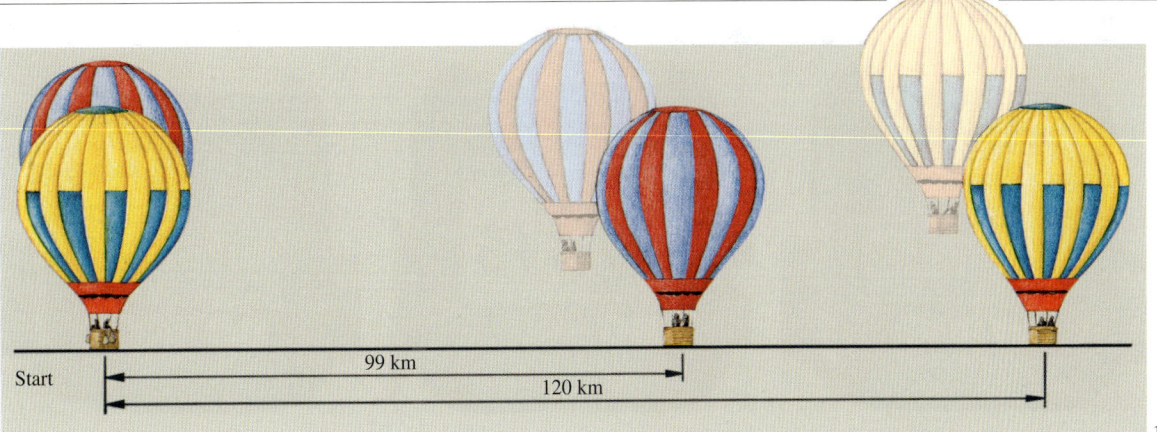

Je länger der Weg ist, den ein Körper in einer bestimmten Zeit zurücklegt, desto größer ist seine Geschwindigkeit.

Beim 50-m-Lauf misst der Lehrer die Zeit. Für einen Weg von 50 m brauchst du 8,7 Sekunden. Ein anderer benötigt nur 8,3 Sekunden. Wer von euch hat die größere Geschwindigkeit (Bild 2)?

Je kürzer die Zeit ist, die ein Körper für einen bestimmten Weg benötigt, desto größer ist seine Geschwindigkeit.

Wie kann man bestimmen, wie schnell sich ein Körper bewegt? Zunächst misst man einen bestimmten Weg ab und ermittelt die Zeit, die der Körper für diesen Weg benötigt. Bild 3 zeigt ein Beispiel. Man erhält: Weg = 10 m, Zeit = 5 s. Will man wissen, welchen Weg der Körper in einer Sekunde zurücklegt, muss man den gemessenen Weg durch die gemessene Zeit dividieren. Man erhält als Ergebnis: 10 m/5 s = 2 m/s. Das heißt, die Raupe legt in einer Sekunde 2 m zurück.

Der Weg, den ein Körper in einer Sekunde zurücklegt, kennzeichnet seine Geschwindigkeit. Man kann die Geschwindigkeit eines Körpers berechnen, indem man den Quotienten aus dem zurückgelegten Weg und der benötigten Zeit bildet.

$$\text{Geschwindigkeit} = \frac{\text{zurückgelegter Weg}}{\text{benötigte Zeit}}$$

Für die physikalische Größe „Geschwindigkeit" verwendet man als Formelzeichen den Buchstaben v (Abkürzung von englisch velocity).
Die Formelzeichen für Weg (s) und Zeit (t) kennst du bereits. Damit kann man die Gleichung für die Geschwindigkeit kürzer schreiben:

Gleichung für die Geschwindigkeit: $v = \frac{s}{t}$.

Setzt man in dieser Gleichung für den Weg die Einheit Meter und für die Zeit die Einheit Sekunde ein, so erhält man die Einheit für die Geschwindigkeit. Sie ist Meter je Sekunde $\left(\frac{m}{s}\right)$.

1

Der Fahrradcomputer kann den zurückgelegten Weg anzeigen.

2

Der Fahrradcomputer kann die Fahrzeit anzeigen.

3

Der Fahrradcomputer kann die Geschwindigkeit in $\frac{m}{s}$ oder in $\frac{km}{h}$ anzeigen.

Bei Kraftfahrzeugen, Bahnen und Flugzeugen wird die Geschwindigkeit in Kilometer je Stunde $\left(\frac{km}{h}\right)$ angegeben.

Himmelskörper legen in 1 Sekunde viele Kilometer zurück. Deshalb gibt man ihre Geschwindigkeit in Kilometer je Sekunde $\left(\frac{km}{s}\right)$ an.
Für die Umrechnung gelten folgende Beziehungen:

$$1\,\frac{m}{s} = 3{,}6\,\frac{km}{h}, \qquad 1\,\frac{km}{h} = 0{,}28\,\frac{m}{s}, \qquad 1\,\frac{km}{h} = 1000\,\frac{m}{s} = 3600\,\frac{km}{h}.$$

Oft findet man auch die Schreibweise m/s, km/h und km/s.
Ein Messgerät für die Geschwindigkeit ist das **Tachometer**. Es zeigt in jedem Augenblick die Geschwindigkeit eines Autos oder Motorrades an (Bild 4). Vielleicht hast du sogar ein Tachometer oder einen Fahrradcomputer an deinem Fahrrad.

4

Tachometer eines Pkw

Beispiel für die Berechnung der Geschwindigkeit
Die Schlussläuferin beim Staffellauf benötigt für die Strecke von 100 m eine Zeit von 12,5 Sekunden.
a) Wie groß ist ihre Geschwindigkeit in $\frac{m}{s}$?

b) Wie groß ist ihre Geschwindigkeit in $\frac{km}{h}$?

Gesucht: $v\left(\text{in } \frac{m}{s} \text{ und } \frac{km}{h}\right)$ *Gegeben:* $s = 100$ m
$t = 12{,}5$ s

Lösung: a) $v = \frac{s}{t}$

$v = \frac{100\,\text{m}}{12{,}5\,\text{s}}$

$\underline{\underline{v = 8{,}0\,\frac{m}{s}}}$

b) Bei der Umrechnung von $\frac{m}{s}$ in $\frac{km}{h}$ gilt:

$1\,\frac{m}{s} = 3{,}6\,\frac{km}{h}$

Nun musst du nur noch die in $\frac{m}{s}$ berechnete Geschwindigkeit mit 3,6 multiplizieren. Jetzt hast du das Ergebnis für die Geschwindigkeit in $\frac{km}{h}$.

$v = 8{,}0 \cdot 3{,}6\,\frac{km}{h}$

$\underline{\underline{v = 28\,\frac{km}{h}}}$

5

ÜBRIGENS

$1\,\frac{m}{s} = 3{,}6\,\frac{km}{h}$

$1\,\frac{km}{h} = \frac{1}{3{,}6}\,\frac{m}{s}$

Ergebnis: Die Geschwindigkeit beträgt $8{,}0\,\frac{m}{s}$ bzw. $28\,\frac{km}{h}$.

Gleichförmige und ungleichförmige Bewegung

Autos auf der Autobahn und Züge bewegen sich oft kilometerweit geradlinig. Flugzeuge fliegen ihr nächstes Ziel geradlinig „in Luftlinie" an (Bild 2). Oft bewegen sie sich dabei immer gleich schnell. Die Geschwindigkeit bleibt also gleich. Solche Bewegungen nennt man **gleichförmige Bewegungen**. Eine geradlinig gleichförmige Bewegung führst du z. B. aus, wenn du mit der Rolltreppe fährst (Bild 1).
Fährt jedoch ein Pkw im Stadtverkehr und kann nicht einer „grünen Welle" folgen, so wird er nach dem Anfahren an einer Ampel zunächst immer schneller, muss dann jedoch bremsen, wenn er sich der nächsten Ampel nähert, die noch auf Rot steht. Er muss sich auch der Bewegung anderer Fahrzeuge anpassen, sodass er wiederholt schneller und langsamer wird und zeitweilig sogar zum Stehen kommen kann. Die Geschwindigkeit ändert sich bei dieser Bewegung. Eine solche Bewegung nennt man **ungleichförmige Bewegung**.

Geradlinige gleichförmige Bewegung eines Flugzeuges

Wichtige Bewegungsarten sind die gleichförmige und die ungleichförmige Bewegung.
Bewegungen, bei denen die Geschwindigkeit eines Körpers immer gleich bleibt, nennt man gleichförmige Bewegungen. Bewegungen, bei denen sich die Geschwindigkeit ändert, sind ungleichförmig.

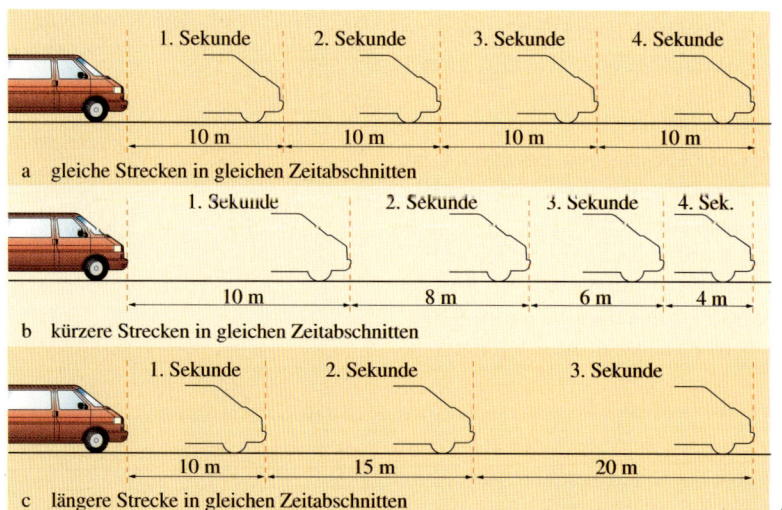

 ↑Basiskonzept Wechselwirkung

 ↑Basiskonzept System

Gleichförmige und ungleichförmige Bewegungen

Das Weg-Zeit-Diagramm für gleichförmige Bewegungen

Wie kann man feststellen, ob sich ein Körper gleichförmig bewegt?

EXPERIMENT 1

Untersuche die Bewegung einer Luftblase!

1 Fülle ein dünnes Glasrohr mit Wasser. Verschließe beide Öffnungen mit kleinen Stopfen. In dem Rohr soll eine Luftblase von etwa 1 cm Länge bleiben.

2 Lege das Ende des Glasrohres auf ein dickes Buch. Lege daneben ein Lineal.

3 Lege nun das Rohr so hin, dass sich die Luftblase am unteren Ende befindet. Miss die Zeit, die die Luftblase braucht, um 5 cm, 10 cm, 15 cm usw. zurückzulegen.

4 Trage die Werte in eine Tabelle ein und zeichne das Weg-Zeit-Diagramm. (Siehe auch S. 68.)

5 Prüfe, ob es sich um eine gleichförmige Bewegung handelt. Begründe deine Aussage.

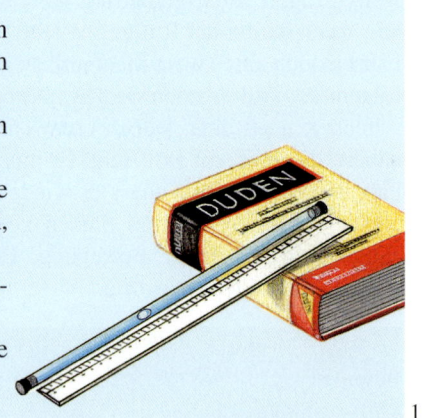

1

Die Tabelle zeigt, welche Ergebnisse du etwa in deinem Experiment erhältst. Verbinde die Messpunkte im Weg-Zeit-Diagramm ($s(t)$-Diagramm) miteinander! Sie liegen alle auf einer Geraden, die durch den Koordinatenursprung geht. Das zeigt, dass bei einer gleichförmigen Bewegung der Weg der Zeit proportional ist (Bild 1).

Weg s in cm	Zeit t in s
0	0
5	3,0
10	6,1
15	9,0
20	12,1
25	15,0

 Bei einer gleichförmigen Bewegung ist der Weg der Zeit proportional.

Wenn du das Experiment wiederholst und dabei das Glasrohr steiler legst, so bewegt sich die Luftblase mit größerer Geschwindigkeit. Die Messpunkte liegen wieder auf einer Geraden, die durch den Koordinatenursprung verläuft. Ihr Anstieg ist jedoch größer (Bild 2, roter Graph). Legt man das Rohr flacher, so ist die Geschwindigkeit kleiner. Die Messpunkte liegen ebenfalls auf einer Geraden. Ihr Anstieg ist geringer (Bild 2, grüner Graph).

 Der Graph im Weg-Zeit-Diagramm der gleichförmigen Bewegung ist eine Gerade, die durch den Koordinatenursprung geht. Je größer die Geschwindigkeit ist, um so steiler verläuft die Gerade.

Wenn man die Geschwindigkeit eines Körpers ermitteln will, so braucht man nur den Anstieg der Geraden im Weg-Zeit-Diagramm zu berechnen. Der Anstieg ist der Quotient aus einem beliebigen Wert für s und dem dazugehörigen Wert für t.

$$v = \frac{s}{t}.$$

Alle Bewegungen von Körpern kann man in einem solchen Weg-Zeit-Diagramm darstellen. Immer dann, wenn sich aus den Messwerten eine Gerade ergibt, handelt es sich um eine gleichförmige Bewegung.

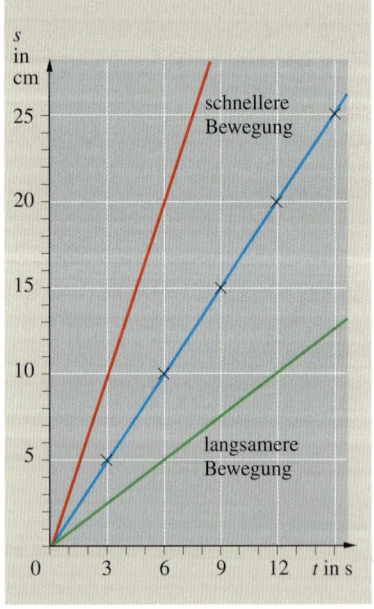

Weg-Zeit-Diagramm

2

Durchschnittsgeschwindigkeit und Augenblicksgeschwindigkeit

↑Basiskonzept
System

Der Bus, mit dem du zur Schule fährst, muss seine Geschwindigkeit sehr häufig ändern. Das kannst du gut am Tachometer beobachten. Das Tachometer zeigt immer die Geschwindigkeit an, die der Bus im Augenblick hat. Diese Geschwindigkeit nennt man **Augenblicksgeschwindigkeit**. Wenn der Bus eine gleichförmige Bewegung ausführt, ändert sich die Augenblicksgeschwindigkeit nicht. Meist nimmt aber seine Geschwindigkeit zu oder ab. Manchmal muss er sogar an einer Ampelkreuzung anhalten.

Aus dem Fahrplan kannst du erkennen, wie lange der Bus von einer Haltestelle zur anderen braucht. Den Weg zwischen den Haltestellen kannst du messen. Also müsste es auch möglich sein, für den Bus eine Geschwindigkeit anzugeben. Eine solche Geschwindigkeit nennt man **Durchschnittsgeschwindigkeit**.

Man berechnet sie ebenfalls nach der Gleichung $v = \frac{s}{t}$.

Darin bedeuten s den gesamten Weg und t die gesamte Zeit.

Das Tachometer hat zeitweise eine höhere Geschwindigkeit als die Durchschnittsgeschwindigkeit angezeigt. Dafür war die Augenblicksgeschwindigkeit zu anderen Zeiten kleiner als die Durchschnittsgeschwindigkeit. Würde sich ein anderer Bus die ganze Zeit gleichförmig mit der berechneten Durchschnittsgeschwindigkeit bewegen, so würden beide Busse gleichzeitig das Ziel erreichen.

1 Ungleichförmige Bewegung eines Busses

Beispiel für die Berechnung einer Durchschnittsgeschwindigkeit

Halt	Ankunft	Abfahrt	Fahrt
Wernigerode, Bahnhof (Bus)		15:50	Bus 253
Wernigerode, Burgbreite Parkplatz	15:53	15:53	
Wernigerode, Horstberg	15:54	15:54	
Wernigerode, Am Bodengarten	15:55	15:55	
Wernigerode, Wolfsholz	15:57	15:57	
Benzingerode, Am Augstberg (Wernigerode)	15:58	15:58	
Benzingerode, Wartehalle (Wernigerode)	15:59	15:59	
Heimburg, Wartehalle	16:04	16:04	
Blankenburg (Harz), Waldmühle	16:09	16:09	
Blankenburg (Harz), Oesig Abzweig	16:10	16:10	
Blankenburg (Harz), Oesigsiedlung	16:11	16:11	
Blankenburg (Harz), CENTER	16:16	16:16	
Blankenburg (Harz), Regenstein B 81	16:18	16:18	

Bus 253 Richtung: Thale, Busbahnhof
▶ Neue Anfrage ▶ Zurück 🖶 Druckansicht

2

Der Bus 253 Wernigerode–Thale fährt 15.50 Uhr in Wernigerode ab und kommt 16.10 Uhr in Blankenburg, Abzweig Oesig an. Die Entfernung beträgt 15 km. Wie groß ist seine Durchschnittsgeschwindigkeit?

Gesucht: v in $\frac{km}{h}$

Gegeben: $s = 15\,km$
$t = 0{,}5\,h$

Lösung: $v = \frac{s}{t}$ 　　 $v = \frac{15\,km}{0{,}5\,h}$

$v = 30\,\frac{km}{h}$

Ergebnis: Die Durchschnittsgeschwindigkeit des Busses beträgt $30\,\frac{km}{h}$.

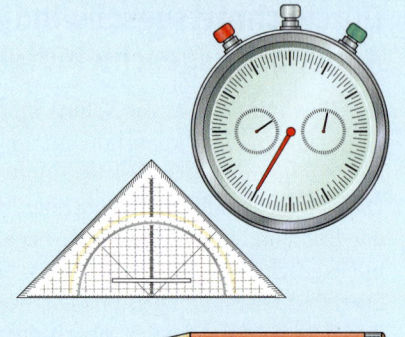

Messwerte im Diagramm darstellen

Anna und Maxi haben die Bewegung von einem Spielzeugauto untersucht. Dazu haben sie die Wege und Zeiten gemessen und ein Weg-Zeit-Diagramm angefertigt. Mit einem Diagramm kann man die Abhängigkeiten zwischen physikalischen Größen darstellen und untersuchen. Was muss man dabei beachten?

Weg s in cm	0	5	10	15	20	25	30
Zeit t in s	0	2	3,8	6	8,4	10	12,2

1 *Zeichne ein Koordinatensystem, wie du es aus dem Mathematikunterricht kennst.*
In x-Richtung wird die vorgegebene Größe eingetragen, in y-Richtung die zweite Größe. Beschrifte die beiden Achsen mit den untersuchten Größen (z. B. Weg und Zeit). Der Schnittpunkt der Achsen erhält meist die Zahlenwerte 0.

2 *Nutze die ganze Fläche des Diagramms.*
Dazu musst du die Achsen sinnvoll einteilen: Suche den größten Wert, der auf der Achse eingetragen werden soll. Trage ihn möglichst weit rechts bzw. möglichst weit oben ein. Dann unterteilst du die Achsen (Bild 1).

3 *Trage alle Messwertepaare mit einem Kreuz in das Koordinatensystem ein.*

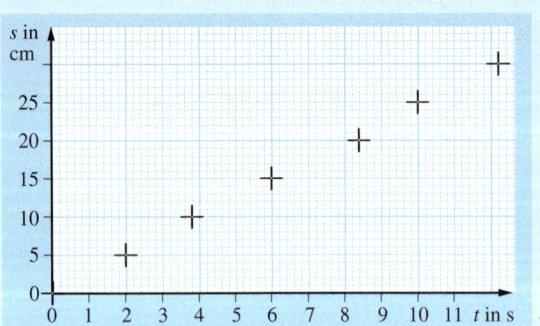

1

4 *Verbinde die Messwertepaare durch einen Graphen (eine Linie).*
Die Auswertung eines Experiments ist besonders einfach, wenn eine einfache Gesetzmäßigkeit vorliegt, z. B. eine Proportionalität. Dann müssten die Messwertepaare auf einer Geraden durch den Ursprung liegen. Liegen sie nur ungefähr auf einer Geraden, zeichnest du sie so, dass einige der Punkte oberhalb und einige unter ihr liegen. Eine solche Gerade nennt man *Ausgleichsgerade* (Bild 2).

Wenn Messwertepaare völlig außerhalb des Graphen liegen, so sind die Ursachen meist Messfehler, wie sie bei jeder Messung vorkommen können.

2

5 Mit einem Tabellenkalkulationsprogramm wie z. B. Excel lassen sich Diagramme einfach und schnell mit dem Computer erstellen. Der Diagramm-Assistent 📊 hilft dir dabei: Er bietet verschiedenen Diagrammtypen an. Für ein Diagramm zur Untersuchung der Abhängigkeiten zwischen zwei physikalischen Größen solltest du den Typ „Punkt(XY)" wählen. Bild 3 zeigt das Diagramm mit den Messwerten von Anna und Maxi, welches vom Computer erstellt wurde.

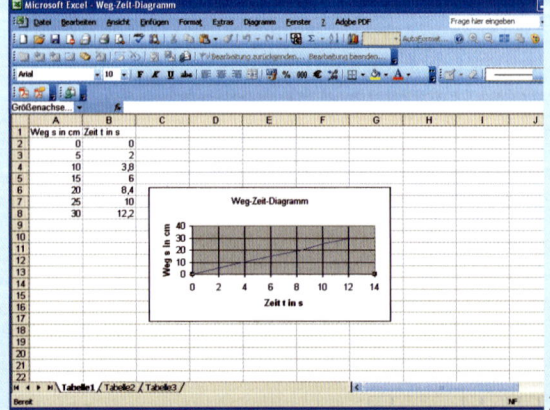

3

Mit dem Navigationssystem unterwegs

1

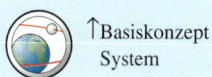
↑Basiskonzept
System

„Bitte den Richtungspfeilen folgen!" Viele Autofahrer lassen sich von ihrem Navigationssystem durch die Stadt führen. Meist „kennt" das Gerät den Weg.

Beim Navigationssystem gibt man das Ziel ein, und das Gerät sucht auf der gespeicherten Landkarte den Weg dorthin und setzt ihn Stück für Stück aus Wegabschnitten zusammen: „nach 300 m links auf die Bundesstraße 196", „jetzt links und dann 13 km der Bundesstraße folgen", …

Nicht nur in Autos findet man heute Navigationssysteme, auch für Wanderer und Radfahrer gibt es diese Hilfen, und sogar einige Mobiltelefone sind mit dem Global Positioning System, kurz GPS, ausgestattet. Mehr als 24 Satelliten (Bild 2) kreisen in etwa 20 000 km Höhe um die Erde (Bild 3) und senden ständig Signale aus. Vom Navigationssystem werden die Signale empfangen und daraus die Position bestimmt. Im Navigationsgerät ist eine Landkarte gespeichert, auf der diese Position eingetragen wird. Wenn der Nutzer ein Ziel eingegeben und damit auf der elektronischen Landkarte markiert hat, sucht der Computer im Gerät den kürzesten oder schnellsten Weg dort hin. Wenn der Fahrer den vorgeschlagenen Weg verlässt, „merkt" dies das Navigationsgerät und sucht auf der Karte den Weg zur festgelegten Route oder berechnet schnell den Weg zum Ziel neu.

Per Tastendruck kann die voraussichtliche Ankunftszeit abgefragt werden. Im Navigationssystem wird diese Ankunftszeit folgendermaßen berechnet: Alle Wegabschnitte, die auf Landstraßen zurückgelegt werden, werden addiert. Die Fahrzeit wird bei einer durchschnittlichen Geschwindigkeit von 60 km/h berechnet. Ebenso werden alle Autobahnabschnitte addiert und mit der Durchschnittsgeschwindigkeit 120 km/h in eine Fahrzeit umgerechnet.

2

GPS-Satellit

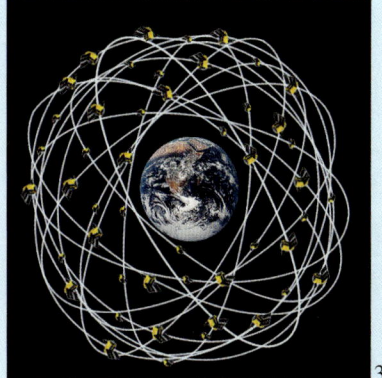
3

Umlaufbahnen der GPS-Satelliten

4

Wenn alles klappt, wird das Ziel pünktlich erreicht.

5

Navigationsgerät am Fahrrad

Wege und Verkehrsmittel in deiner Umgebung

Wie lange dauert es, um zu Fuß, mit dem Rad, dem Auto oder dem Bus von der Schule nach Hause zu kommen? Wie lange braucht man, um zu einem Ort zu gelangen, der 5 km Luftlinie von der Schule entfernt ist? Wie lange dauert es von zu Hause bis ins nächste Kino?

▸ Probiert es aus und besorgt euch die notwendigen Informationen aus Fahrplänen.

▸ Diskutiert die Ergebnisse. Bei welchen Strecken würdet ihr welche Fortbewegungsart bevorzugen und warum? Berücksichtigt auch die Kosten und die Umweltbelastung bei euren Erwägungen.

▸ Markiert eure Wohnorte auf einem Stadtplan mit Nadeln, zeichnet die Schulwege ein und schreibt die Zeiten dazu. Berechnet auch die Durchschnittsgeschwindigkeit.

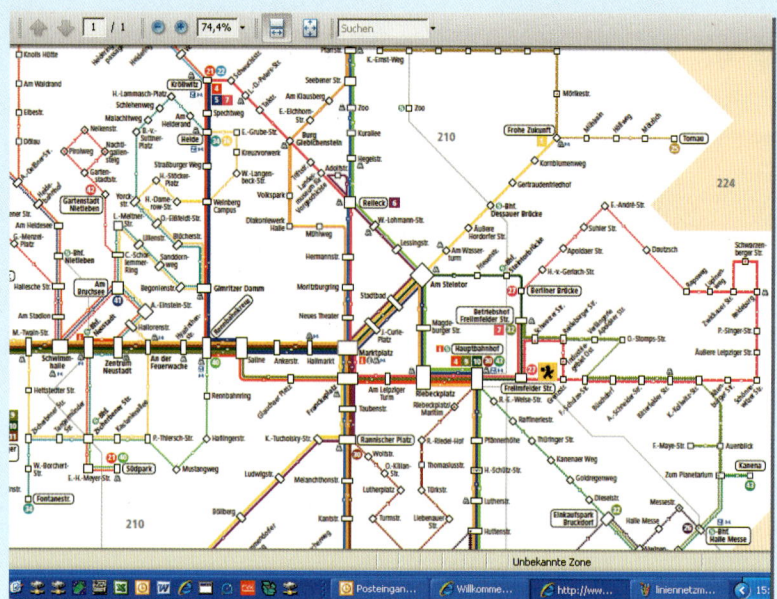

1

2

Projektideen

▸ Wie kamen eure Großeltern zur Schule? Wie lange haben sie für den Schulweg gebraucht? Führt dazu eine Umfrage durch und wertet sie aus.

▸ Länge der Schulwege an eurer Schule: Erstellt eine statistische Erhebung bei euren Mitschülern. Arbeitet auch mit einem Tabellenkalkulationsprogramm und grafischen Darstellungen.

▸ Wie viel Geld gibt ein Durchschnittsbürger in Deutschland für das Autofahren aus, wie viel für Flugreisen, Bus oder Bahn? Untersucht die Kosten der Mobilität. Informationen findet ihr z. B. bei Automobilclubs (Kilometerkostentabelle) oder beim Bundesministerium für Wirtschaft (Treibstoffverbrauch, Energiedaten).

▸ Welche Umweltbelastungen werden von den verschiedenen Verkehrsmitteln verursacht?

Reisen kostet Zeit und Geld

Wie lange dauert es, um mit dem Rad, dem Auto, dem Zug oder dem Flugzeug von Magdeburg nach Paris zu kommen?

▶ Besorgt euch die notwendigen Informationen aus Fahrplänen (Internet). Berücksichtigt auch Wartezeiten und Anfahrtzeiten (z. B. zum Flugplatz). Denkt euch weitere interessante Strecken für diese Fortbewegungsarten aus.

▶ Diskutiert die Ergebnisse. Bei welchen Strecken würdet ihr welche Fortbewegungsart bevorzugen und warum? Ermittelt auch die Kosten und berücksichtigt die Umweltbelastung bei euren Erwägungen.
Im Internet findest du z. B. unter der Stichwörtern „Mobilcheck", „umweltcheck", „atmosfair" Informationen.

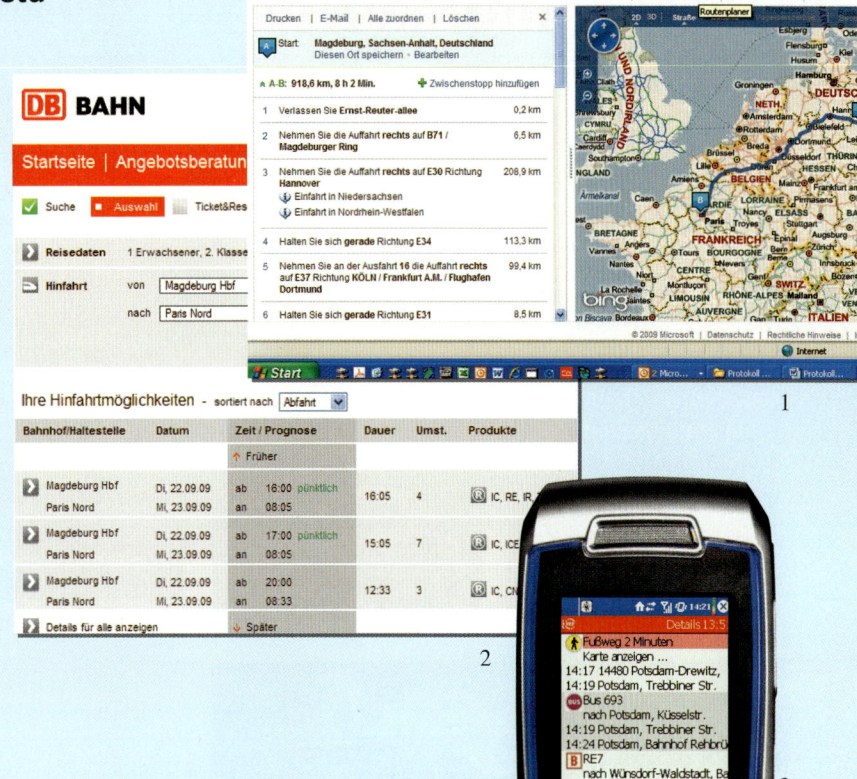

Projektideen

▶ **Reisen im Zeitalter der Postkutsche**
Von wann bis wann nutzten Reisende überwiegend Postkutschen? Wie lang dauerte ein solche Reise, wie lief sie ab und was kostete sie?
Heute können wir viel leichter verreisen. Welche Vorteile und welche Nachteile hat das?

▶ **Die Geschichte der Eisenbahn**
Erstellt eine Zeitleiste (mit Fotos) zur Geschichte der Eisenbahn mit Angabe der Höchstgeschwindigkeiten und weiteren Informationen.

▶ **Die mitteleuropäische Zeit (MEZ)**
1893 wurde in Deutschland die mitteleuropäische Zeit (MEZ) eingeführt – der Ausbau der Eisenbahn machte es erforderlich. Davor gab es verschiedene Ortszeiten. Für die Postkutschen war das noch unproblematisch. Heute gibt es auch eine Weltzeit. Recherchiert!

Entfernungsangaben in Stunden – was steckt dahinter?

Geschwindigkeiten in Natur und Technik

Geschwindigkeiten in der Natur. Tiere und Pflanzen haben sich an ihren Lebensraum angepasst. Die Geschwindigkeiten, mit denen bestimmte Vorgänge ablaufen und mit denen sie sich in diesem Lebensraum bewegen, sind auch Ausdruck dieser Anpassung.

In den Körpern von Pflanzen und Tieren laufen Stoffwechselvorgänge und Wachstumsprozesse nur sehr langsam ab. Teilweise werden sie durch die äußere Temperatur beeinflusst.

Pflanzenfressende Tiere haben oft ein sehr großes Nahrungsangebot, sodass sie sich nicht schnell bewegen müssen (Schnecke und Faultier). Andere Tiere müssen oft große Entfernungen zurücklegen, um zu neuen Nahrungsquellen zu gelangen (Elefant, Pferd, Strauß). Viele Pflanzenfresser müssen sehr schnell sein, um ihren Jägern zu entkommen.

Fleischfressende Tiere müssen beim Jagen ihrer Beute sehr hohe Geschwindigkeiten erreichen (Gepard, Wanderfalke, Schwertfisch).

1   2

3

4

Kleine und große Geschwindigkeiten in der Natur		
Wachstum eines Haares		0,000 000 3 cm/s
Wachstum eines Schilfrohres		0,000 5 cm/s
Bewegung eines Gletschers		0,000 5 cm/s
Wachstum eines Pilzes		0,008 cm/s
Schnecke		0,15 cm/s
Faultier	bis	5 cm/s
Schildkröte	bis	10 cm/s
Wanderer	bis	1,4 m/s
Golfstrom	bis	2,75 m/s
Hecht	bis	4,4 m/s
Rennpferd	bis	25 m/s
Sturm	bis	40 m/s
Schwalbe	bis	100 m/s
Schall		340 m/s

Die schnellsten Landbewohner	
Gepard	bis 120 km/h
Windhund	bis 110 km/h
Strauß	bis 72 km/h
afrikanischer Elefant	bis 40 km/h
Mensch beim 100-m-Lauf	bis 36 km/h

Die schnellsten Wasserbewohner	
Seglerfisch	bis 110 km/h
Schwertfisch	bis 90 km/h
Thunfisch	bis 50 km/h
Riesenkalmar	bis 40 km/h
Mensch	bis 8 km/h

Die schnellsten Vögel	
südamerikanischer Stachelschwanzsegler	bis 335 km/h
Wanderfalke im Sturzflug	bis 290 km/h
Mauersegler	bis 180 km/h

5

73

Geschwindigkeiten in der Technik. Die Menschen haben schon immer Tiere bewundert, die sich sehr schnell bewegen können. Von diesen haben sie sehr viel gelernt. Beim Bau von Schiffen haben sie sich die Körperformen von Wassertieren zum Vorbild genommen. Dadurch war es möglich mit Schiffen große Geschwindigkeiten zu erreichen. Auch die Form der Flugzeuge haben sich die Menschen von den Vögeln abgeschaut. Hier waren es vor allem Schwalben und Mauersegler, die sehr schnell fliegen können.

Geschwindigkeiten von Landfahrzeugen	
Motorrad	300 km/h
schnellster Zug der Welt (Japan)	552 km/h
japanische Magnetschnellbahn „MAGLEV"	581 km/h
Fahrzeug „Budweiser-Rocket"	1 190 km/h
Thrust SSC mit Düsenantrieb	1 228 km/h

Geschwindigkeiten von Wasserfahrzeugen	
Surfer	83 km/h
Rennboot	250 km/h
Schnellboot „Bluebird"	445 km/h
Gleitboot „Spirit of Australia"	514 km/h

Geschwindigkeiten von Luftfahrzeugen	
Space-Shuttle (Landegeschwindigkeit)	350 km/h
Airbus A340	900 km/h
Passagierflugzeug „Concorde"	2 179 km/h
Aufklärungsflugzeug „Lockeed SR 71A"	3 590 km/h

Geschwindigkeitsmessung

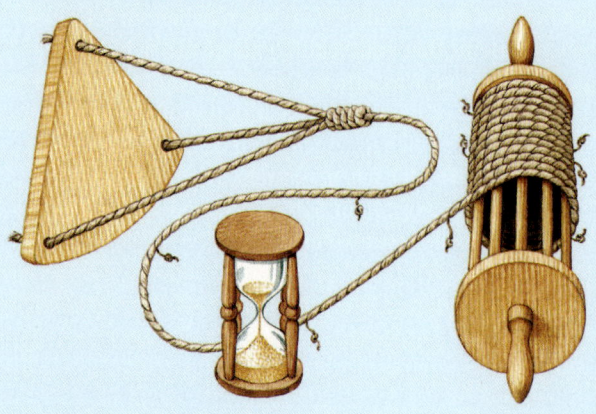

1

2

Geschwindigkeitsmessung auf See. Geschwindigkeit war für unsere Vorfahren kein Thema. Zur Fortbewegung dienten Füße, Pferde und Kutschen. Wie weit man damit kam, war bekannt. Man gab Entfernungen in „Wegstunden" oder in „Tagesreisen" an.

Auf See war die Situation anders. Dort hing die Geschwindigkeit vom Wind und von der Strömung des Wassers ab. Man musste die Geschwindigkeit messen, um aus dem Messwert die zurückgelegte Entfernung berechnen zu können. Damit konnte der Ort bestimmt werden, an dem sich das Schiff gerade befand. Dazu dienten seit Ende des 16. Jahrhunderts Handlogs, mit denen Segelschiffe ausgerüstet waren. Ein Handlog bestand aus einem mit Blei beschwerten Brett, an dem die Logleine befestigt war. Dieses Brett wurde vom Schiffsheck aus ins Wasser geworfen. Während sich das Schiff vorwärts bewegte, wurde das Brett vom Wasser zurückgehalten (Bild 1).

Die Folge war, dass sich die Logleine abrollte – und das umso schneller, je schneller die Bewegung des Schiffs war. An der Logleine befanden sich in bestimmten Abständen Knoten. Sie wurden gezählt, solange die Loguhr (eine Sanduhr für genau 15 s) lief. Die Anzahl der Knoten war ein Maß für die Geschwindigkeit.

In der Seefahrt werden Geschwindigkeiten heute noch in Knoten (kn) angegeben:
1 Knoten bedeutet „1 Seemeile pro Stunde".
1 kn = 1 sm/h = 1,852 km/h.

Geschwindigkeitskontrollen. Zu den häufigsten Ursachen schwerer Verkehrsunfälle zählt eine zu hohe Geschwindigkeit. Wer die zulässige Höchstgeschwindigkeit überschreitet, handelt nicht selten völlig verantwortungslos gegenüber anderen Verkehrsteilnehmern. Die Geschwindigkeit muss der jeweiligen Verkehrssituation angepasst sein. Die Einhaltung der zulässigen Höchstgeschwindigkeit wird gelegentlich kontrolliert, z. B. mit der Dreifach-Lichtschranke (Bild 2).

Das Messprinzip ist einfach: Man misst, wie lange ein Fahrzeug benötigt, um eine bestimmte Strecke zurückzulegen. Die Zeiten werden automatisch gemessen. Die Uhr startet, wenn das Fahrzeug das erste Lichtbündel unterbricht, und stoppt, wenn das dritte Bündel unterbrochen wird. Da die Zeitmessung sehr genau ist, reicht eine Messstrecke von 50 cm aus. Durch die mittlere Lichtschranke wird die Strecke in zwei Teilstrecken von 25 cm Länge unterteilt. Ein Computer ermittelt und vergleicht die Geschwindigkeiten für die Teilstrecken und die Gesamtstrecke. Wenn die Werte kaum voneinander abweichen, wird die Messung als „gelungen" eingestuft. Ist die Geschwindigkeit zu hoch, wird ein Messfoto vom Fahrzeug aufgenommen.

Aufgabe

1. Durch die Messung mit dem Log konnte man berechnen, welche Strecke das Schiff täglich zurücklegte. So konnte auch der Ort ermittelt werden, an dem es sich gerade befand. Wenn das Schiff aber in eine Meeresströmung geriet, konnte es passieren, dass das Schiff an einem ganz anderen Ort war, als der Kapitän vermutete. Erläutere!

3

Weißt du es

Kannst du es

1. Kennzeichne eine gleichförmige Bewegung!
2. Welche Teile der folgenden Bewegungsvorgänge verlaufen gleichförmig?
   a) Fahrt in einem Fahrstuhl,
   b) Fahrt mit einer Eisenbahn,
   c) Flug mit einem Flugzeug!
3. In Bild 1 ist die Bewegung eines ICE im Weg-Zeit-Diagramm dargestellt.
   Welchen Weg hat er nach 1 Stunde, 2 Stunden und 3 Stunden zurückgelegt?
   Wie groß ist seine Durchschnittsgeschwindigkeit für die gesamte Fahrt?

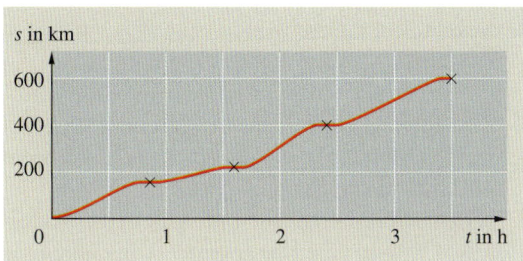
1

4. Ein Reporter bei einem Autorennen: „Die Wagen kommen mit 180 Stundenkilometern auf die Zielgerade!" Was meint er damit?
   Wie müsste es „physikalisch korrekt" heißen?

5. Wie kommen die Umrechnungsfaktoren zwischen den Einheiten der Geschwindigkeit m/s und km/h zustande?
6. Was bedeutet die Aussage, dass die Geschwindigkeit eines Förderbandes 1,4 m/s beträgt?
7. Beim Staffellauf legt ein Läufer 100 m in 10 s zurück. Wie groß ist seine Geschwindigkeit in m/s und km/h?
8. Warum ist die Durchschnittsgeschwindigkeit nie größer als der höchste Wert der Augenblicksgeschwindigkeit?
9. Auf einem Förderband werden Strohballen in fünf Sekunden 10 Meter transportiert. Welche Geschwindigkeit haben die Ballen?
10. Die Durchschnittsgeschwindigkeit eines Pkw beträgt $v = 60$ km/h. Sie ist dreimal so groß wie die eines Radfahrers. Vergleiche die Zeiten, die der Pkw und der Radfahrer für eine Strecke von 30 km benötigen!
11. Bei einem Experiment zur Untersuchung der Bewegung einer Spielzeuglokomotive wurden folgende Werte gemessen:

s in cm	0	30	60	90	120	150	180
t in s	0	2	4,1	6,1	8	9,9	12

Zeichne das Weg-Zeit-Diagramm!
Welche Zeit benötigt die Lokomotive für einen Weg von 105 cm?

Kurz und knapp

Die Geschwindigkeit gibt an, wie schnell oder langsam sich ein Körper bewegt.
Je länger der Weg ist, den ein Körper in einer bestimmten Zeit zurücklegt, desto größer ist seine Geschwindigkeit.
Je kürzer die Zeit ist, die ein Körper für einen bestimmten Weg benötigt, desto größer ist seine Geschwindigkeit.

Bei einer gleichförmigen Bewegung berechnet man die Geschwindigkeit eines Körpers nach der Gleichung $v = \frac{s}{t}$.

Die Einheit der Geschwindigkeit ist Meter je Sekunde $\left(\frac{m}{s}\right)$. Ein Messgerät für die Geschwindigkeit ist das Tachometer.

Teste dich!

1 Beobachte, wie sich verschiedene Körper bewegen. Beschreibe die Bewegung mithilfe der Begriffe „zurückgelegter Weg", „Geschwindigkeit", „benötigte Zeit", „Geschwindigkeitsänderung".

2 Drei Wagen bewegen sich gleichförmig. Wagen 1 legt 50 m in 2,0 s, Wagen 2 legt 50 m in 1,8 s und Wagen 3 legt 46 m in 1,8 s zurück. Löse die Aufgaben a und b ohne Rechnung. Begründe deine Antworten.
a Welcher der Wagen 1 und 2 ist schneller?
b Welcher der Wagen 2 und 3 ist schneller?
c Berechne, ob Wagen 1 oder 3 schneller ist.

3 Bild 1 zeigt den Bewegungsablauf bei drei Körpern.
a Woran erkennt man, dass sich alle Körper gleichförmig bewegen?
b Welcher Körper bewegt sich am schnellsten, welcher am langsamsten? Begründe deine Entscheidung.

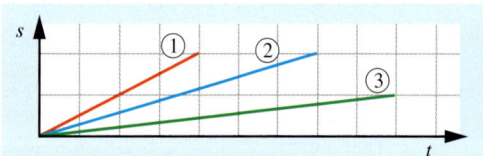

1

4 Ordne folgende Beispiele den Begriffen Augenblicksgeschwindigkeit und Durchschnittsgeschwindigkeit zu:
a Reisegeschwindigkeit eines Flugzeuges: 900 km/h
b Geschwindigkeitsbegrenzung: 100 km/h
c „Für den Weg von 10 km benötigt Herr B. 20 min. Seine Geschwindigkeit beträgt also 30 km/h."
d Der Tacho zeigt 35 km/h an.

5 Julias Schulweg: Sie geht 5 min zu Fuß zur Bushaltestelle, wartet dort 7 min auf den Bus, der sie in 10 min zur Schule fährt (Bild 2).

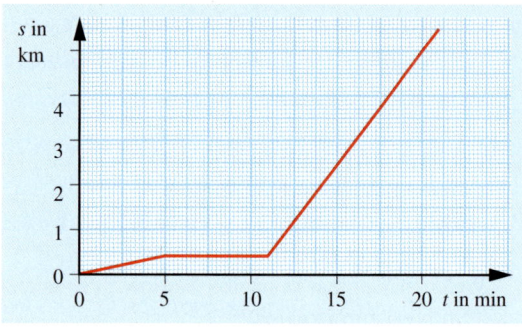

2

a Woran erkennst du im Diagramm die Wartezeit an der Bushaltestelle? Begründe.
b Bestimme die Geschwindigkeiten für Fußweg und Busfahrt.

6 Zur Geschwindigkeitsmessung im Straßenverkehr werden Messfühler eingesetzt. Zwei Kabel werden im Abstand von 2 m quer über die Fahrbahn verlegt. Überfahren die Vorderräder eines Autos Kabel 1, wird eine Uhr gestartet. Überfahren sie Kabel 2, wird die Uhr gestoppt.
a Welche Zeit t wird gestoppt, wenn ein Auto mit einer Geschwindigkeit von 20 m/s fährt?
b Was kannst du über die Geschwindigkeit eines Autos aussagen, wenn die gestoppte Zeit größer bzw. kleiner als t ist?

7 Licht breitet sich mit einer Geschwindigkeit von ca. 300 000 km/s aus.
a Der Mond ist etwa 400 000 km von der Erde entfernt. Wie lange braucht Licht für diese Strecke?
b Die Sonne ist 150 000 000 km von der Erde entfernt. Wie lange dauert es, bis Licht von der Sonne die Erde erreicht?

Schätze deine Kenntnisse und Fähigkeiten ein.
Ordne dazu deiner Lösung im Heft ein Smiley zu:
☺ Ich konnte die Aufgabe richtig lösen.
☻ Ich konnte die Aufgabe nicht komplett lösen.
☹ Ich konnte die Aufgabe nicht lösen.

> Die Lösungen findest du im Anhang.

Aufgabe	Fähigkeit	Hilfe findest du auf Seite ...
1–7	Bewegungen erkennen, beschreiben, berechnen und erklären.	62–67
3, 6	Diagramme interpretieren.	66

Wärmeübergänge

In unserem Leben spielen Temperatur
und Wärme eine große Rolle. In einem
heißen Sommer wünschen wir uns eine
Klimaanlage. Im Winter können wir
dagegen ohne eine Heizung kaum
überleben. Ähnlich ergeht es
vielen anderen Lebewesen,
die nur in einem bestimmten
Klima existieren können.
Im folgenden Kapitel werden
Erscheinungen untersucht,
die mit der Wärme zusam-
menhängen. Alle Körper
verändern sich, wenn sie
erwärmt werden.
Wie können wir uns mit Wärme
versorgen, ohne die Umwelt
stark zu belasten? Wie können wir
sparsam mit der Wärme umgehen?
Wie kommt es, dass ein großer Ballon mit seinen Fahrgästen hoch in
den Himmel aufsteigt?

Kalt oder heiß – die Temperatur sagt mehr

Welchen Pullover ziehe ich heute an? Brauche ich eine Jacke? Werden die Straßen glatt sein? Kann ich morgen Baden gehen? Solche Fragen kennt jeder. Deswegen achten viele Menschen täglich auf den Wetterbericht im Fernsehen oder Radio.

Temperaturempfinden

Im Wetterbericht spielt die Voraussage der Temperatur eine große Rolle. Was mit dem Wort Temperatur gemeint ist, weißt du auch aus dem Sachunterricht:

 Die Temperatur gibt an, wie kalt oder wie heiß ein Körper ist.
Die Temperatur wird in Grad Celsius (abgekürzt: °C) angegeben.

Jeder Mensch empfindet mit seiner Haut Temperaturen und dabei besonders Temperaturunterschiede. Die Haut verfügt über verschiedene Sinneszellen. Dazu gehören auch Kältekörperchen und Wärmekörperchen. Mit diesen Sinneszellen fühlen wir zum Beispiel, ob ein Löffel in unserer Hand kälter oder wärmer ist als die Luft, die bisher die Hand umgab.

Für eine etwas genauere Bestimmung der Temperatur reicht das Empfinden der Sinneszellen nicht aus, es täuscht uns vielfach. Wie warm oder wie kalt man die Luft im Freien empfindet, hängt von vielen Umständen ab. Hierzu gehören die Kleidung, das gesundheitliche Wohlbefinden, vorangegangene körperliche Aktivitäten und die Temperatur des Raumes, in dem wir uns zuvor aufhielten.

Besichtigst du zum Beispiel an einem heißen Sommertag in leichter Kleidung eine Tropfsteinhöhle, empfindest du die Temperatur in der Höhle noch viel kälter als sie in Wirklichkeit ist (Bild 2).
Befragt man die Besucher nach der Lufttemperatur in der Höhle, schätzen sie diese Temperatur im Sommer niedriger und im Winter höher, als sie in Wirklichkeit ist.

Vom Temperaturempfinden zum Thermometer

Wir nehmen Temperaturen über unsere Haut wahr. Temperaturen zwischen 15 °C und 45 °C können wir recht gut unterscheiden. Im Bereich der Körpertemperatur (37 °C) ist unser Temperatursinn besonders empfindlich. Eltern stellen bei ihren Kindern durch Berühren der Stirn sogar leichtes Fieber fest (Bild 1).

Hohe und niedrige Temperaturen dagegen nehmen wir nur als „heiß" oder „kalt" wahr. Eventuell empfinden wir zusätzlich einen Schmerz.

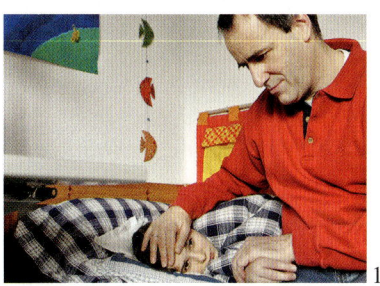

Soll die Temperatur genau bestimmt werden, dann braucht man ein Messgerät – ein Thermometer.

Wenn du die Temperatur z. B. mit einem Flüssigkeitsthermometer bestimmen willst, musst du Regeln beachten, um Messfehler zu vermeiden. Andernfalls kann dein Thermometer einen Wert anzeigen, der nicht der Temperatur des Körpers entspricht.

Für alle Temperaturmessungen gilt:
– Lies die Temperatur erst ab, wenn sich die Thermometeranzeige nicht mehr ändert. Die Thermometerflüssigkeit braucht etwas Zeit, um die Temperatur ihrer Umgebung anzunehmen.
– Blicke beim Ablesen senkrecht auf die Stelle der Skala, bis zu der die Thermometerflüssigkeit reicht.

Für das Messen der Lufttemperatur gilt:
– Vermeide das Einwirken von Sonnenstrahlung oder Zugluft auf das Thermometer.

Für das Messen der Temperatur von Flüssigkeiten gilt:
– Rühre die Flüssigkeit vor dem Messen der Temperatur gut um.
– Du musst das Thermometer tief eintauchen. Stelle es aber nicht auf den Boden des Gefäßes und nimm es beim Ablesen nicht aus der Flüssigkeit heraus.

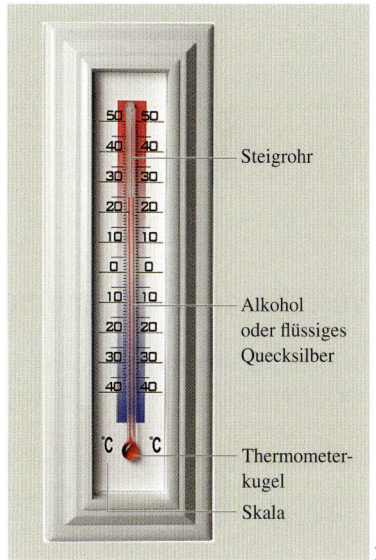

Teile eines Flüssigkeitsthermometers

Die Celsiusskala. Von Thermometern verlangt man, dass sie unter gleichen Bedingungen dieselbe Temperatur anzeigen. Man braucht für Thermometer eine festgelegte Skala.

In den meisten europäischen Ländern wird eine Temperaturskala benutzt, die nach dem schwedischen Naturforscher ANDERS CELSIUS (1701–1744) benannt ist.

Für seine Skala wählte er zwei Temperaturen, die überall auf der Welt gleich sind: Eis schmilzt in Spanien bei derselben Temperatur wie in Norwegen; ebenso fängt das Wasser in beiden Ländern bei derselben Temperatur an zu sieden.

Nach CELSIUS bezeichnet man die Schmelztemperatur von Eis mit 0 °C und die Siedetemperatur von Wasser mit 100 °C. Die Strecke zwischen diesen Festpunkten teilt man in 100 gleich große Teile (Bild 3).

In den USA verwendet man Thermometer, deren Skala in Grad Fahrenheit geeicht ist.

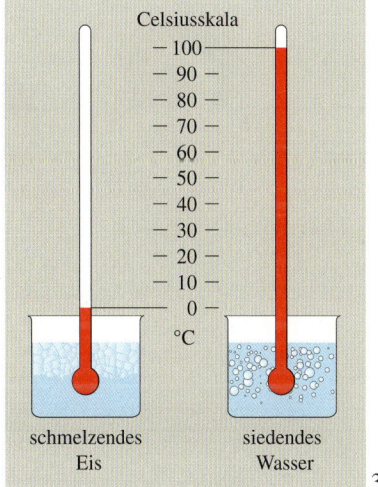

Die Festpunkte der Celsiusskala

Formelzeichen der Temperatur. In Messwertetabellen und grafischen Darstellungen verwendet man als Formelzeichen der Temperatur den griechischen Buchstaben ϑ (sprich: Theta).

In einem Experiment kannst du untersuchen, wie sich die Temperatur des Wassers ändert, wenn man es auf eine Heizplatte stellt. Was vermutest du dabei: Wird sich die Temperatur des Wassers gleichmäßig oder sprunghaft erhöhen?

EXPERIMENT 1
1 Fülle ein Glas mit Wasser und miss die Anfangstemperatur!
2 Heize die Platte mindestens 1 Minute vor!
3 Stelle das Glas auf eine Heizplatte!
4 Miss in gleichen Abständen die Temperatur des Wassers!
5 Trage deine Messwerte in eine Tabelle und danach in ein Temperatur-Zeit-Diagramm ein!

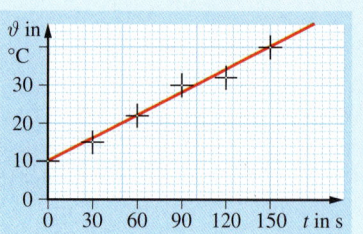

1

Wenn du alles richtig gemacht hast, erhältst du ein Temperatur-Zeit-Diagramm, das dem im Bild 1 ähnlich ist. Hat sich deine Vermutung bestätigt?

Verschiedene Thermometer

Die meisten Thermometer sind Flüssigkeitsthermometer. Es gibt aber auch Thermometer, welche die Temperatur ganz anders messen.

Bimetallthermometer
In ihm befindet sich eine Spirale, die aus zwei verschiedenen Metallen (Bimetall) besteht. Je nach der Temperatur krümmt sie sich unterschiedlich stark. An ihr ist ein Zeiger befestigt, der die Temperatur anzeigt.

Elektrische Thermometer
Der Messfühler erzeugt eine elektrische Spannung, die von der Temperatur abhängig ist. Jeder erzeugten Spannung entspricht eine bestimmte Temperatur, die dann angezeigt wird.

4

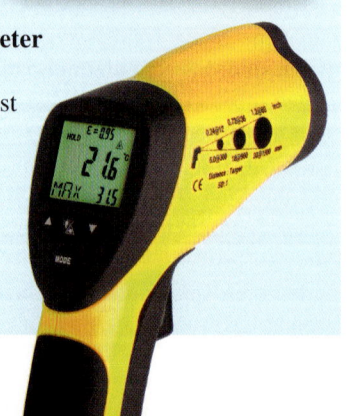

5

2

Thermometerstreifen
Es gibt Kristalle, die bei einer bestimmten Temperatur ihre Farbe ändern. Verwendet man mehrere Arten solcher Kristalle können sie zum Messen von Temperaturen benutzt werden.

Strahlungsthermometer
Eine berührungsfreie Temperaturmessung ist möglich, weil jeder Körper Wärmestrahlung aussendet.

6

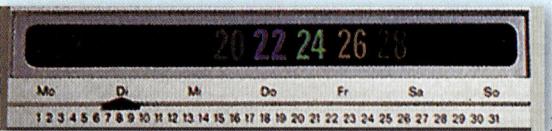

3

Genaue Temperaturmessungen

Die tatsächliche Lufttemperatur. Um das Wetter des nächsten Tages vorherzusagen, müssen die Meteorologen die Temperatur der Luft kennen. Regelmäßige Temperaturmessungen werden mit dem Computer ausgewertet. Außerdem werden Wetterdaten wie Luftdruck und Windgeschwindigkeit ermittelt. Hieraus wird dann die Wettervorhersage erstellt.
Worauf müssen Meteorologen achten, wenn sie die Lufttemperatur wirklich genau messen wollen?

AUFTRAG 1

1 Nehmt mehrere Thermometer (aus der Physiksammlung) und vergleicht ihre Anzeige bei gleichen Bedingungen (z. B.: sie stehen im selben Wasserbad). Zeigen alle denselben Wert an? Notiert die Abweichungen!
2 Geht mit den Thermometern nach draußen. Legt eines in die Sonne, eines in den Schatten, eines in den Wind, eines windgeschützt, besprüht eines mit „Regen" usw.
Welche Messwerte erhaltet ihr jeweils?
3 Überlegt euch eine Vorschrift zur Messung der Lufttemperatur!
4 Informiert euch bei einer Wetterstation, wie dort die Temperaturen gemessen werden!

1

Thermometer messen die eigene Temperatur. Aus euren Erfahrungen mit Thermometern wisst ihr: Es dauert einige Zeit, bis das Thermometer einen stabilen Wert anzeigt. Das Thermometer muss erst die Temperatur des zu messenden Gegenstandes annehmen.

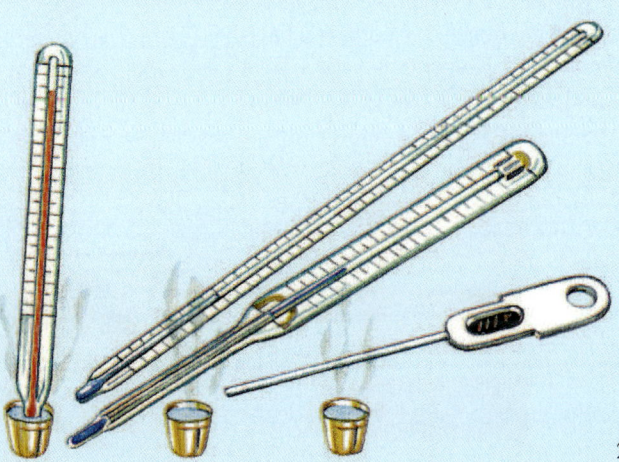

2

AUFTRAG 2

1 Füllt einige gleiche Fingerhüte oder Filmdöschen halbvoll mit heißem Wasser und messt die Temperatur dieses Wassers mit mindestens drei verschiedenen Thermometern aus der Physiksammlung!
2 Vergleicht die Messwerte miteinander. Achtet auch einmal darauf, wie schnell sich die Anzeigen der Thermometer ändern!
3 Erklärt eure Beobachtungen!

Körpertemperatur und Fieber

Körpertemperatur des Menschen. Die mittlere Körpertemperatur eines erwachsenen Menschen beträgt 37 °C. Sie schwankt beim gesunden Menschen täglich um 0,8 °C. Die niedrigste Temperatur misst man morgens etwa gegen 4 Uhr mit 36,5 °C, die höchste abends gegen 18 Uhr mit 37,3 °C. Die mittlere Temperatur eines Kindes ist um 0,3 °C höher als die eines Erwachsenen. Bei älteren Menschen liegt die Temperatur um 0,5 °C niedriger.

Thermografie. Die Temperatur des menschlichen Körpers ist nicht an allen Stellen gleich groß. Dies kann man in der Medizin mithilfe von speziellen Geräten auf einem Bildschirm sichtbar machen. In diesen Bildern werden bestimmte Temperaturbereiche mit unterschiedlichen Farben dargestellt. Weiß bedeutet die höchste Temperatur, violett die niedrigste (Bild 2). Aus einer Thermografie kann der Arzt zum Beispiel erkennen, wo sich im Körper eine Entzündung befindet, denn entzündete Körperteile haben eine höhere Temperatur als gesunde.

Temperaturregelung. Unser Körper besitzt Temperatursinneszellen in der Haut sowie in den inneren Organen. Sie signalisieren an das Gehirn eine Abnahme oder einen Anstieg der Hauttemperatur bzw. Bluttemperatur. Als Reaktion auf solche Temperaturänderungen werden dann Nervenimpulse ausgesendet, die die Temperaturabnahme hemmen bzw. die Erhöhung der Temperatur fördern.

An einem kalten Wintertag, wenn draußen 0 °C oder weniger herrschen, werden erst die Hände und Füße kalt, schließlich sinkt auch im Inneren die Körpertemperatur ab. Der Körper kann durch Zittern der Muskeln und durch Zusammenziehen der kleinen Blutgefäße in der Haut wieder die richtige Temperatur einstellen: Wir schlottern vor Kälte und kriegen eine Gänsehaut.

In der Sommerhitze oder in der Sauna, wo die Umgebung viel heißer ist als 37 °C, reguliert der Körper seine Temperatur durch Schwitzen und Weitstellen der kleinen Blutgefäße in der Haut: Die Haut wird feucht und wir kriegen einen roten Kopf.

Fieber. Auch beim Fieber ändert sich die Körpertemperatur. Wenn wir eine schwere Erkältung haben, versucht der Körper, sich gegen die eingedrungenen Krankheitserreger zu wehren. Da alle Funktionen des Körpers schneller ablaufen, wenn er warm ist, muss die normale Körpertemperatur erhöht werden. Es wird praktisch ein höherer „Sollwert" für die Körpertemperatur

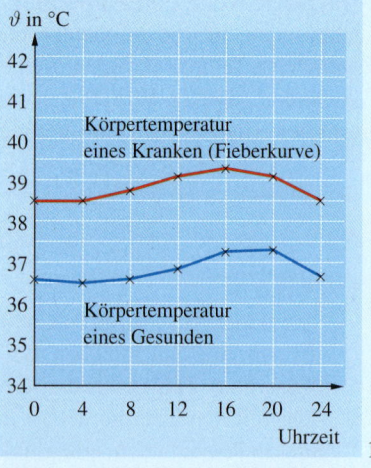

Körpertemperatur im Verlaufe eines Tages

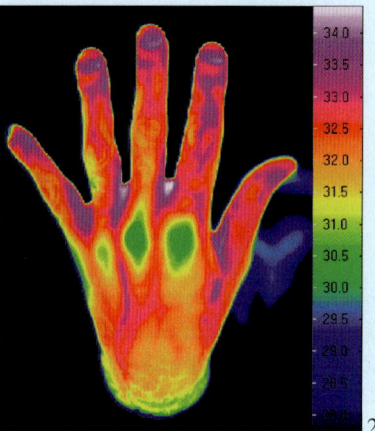

Thermografie einer Hand

Körpertemperatur		Sollwert
37 °C	normal =	37 °C
37 °C	Erkältung: Sollwert steigt ≠	38,5 °C
38,5 °C	Fieber =	38,5 °C

vom Gehirn vorgegeben, z. B. statt 37 °C nun 38,5 °C. Da jetzt die Körpertemperatur niedriger ist als der neue Sollwert reagiert der Körper darauf so, als wäre es draußen zu kalt, nämlich mit Zittern und Gänsehaut. Das nennen wir Schüttelfrost. Der Schüttelfrost zeigt uns, dass die Temperatur im Körper ansteigt – von den normalen 37 °C auf 38,5 °C Fieber.

Sind die Krankheitserreger erfolgreich abgewehrt, wird der Sollwert wieder abgesenkt. Jetzt ist die gemessene Temperatur wieder höher als der Sollwert, der Körper muss sich abkühlen wie im Sommer. Uns bricht der Schweiß aus.

Das Fieber trägt dazu bei, dass die Krankheitserreger schneller aus unserem Körper vertrieben werden können. Fieber ist also eine hilfreiche Einrichtung.

Ganz ungefährlich ist diese Reaktion des Körpers aber nicht, denn die Zellen, aus denen der Körper besteht, sind sehr hitzeempfindlich. Bei Temperaturen über 42 °C werden die Zellen beschädigt. Deshalb muss man bei hohem Fieber versuchen, die Temperatur zu senken.

Körpertemperaturen von Tieren. Die Temperatur des Blutes ist bei Tieren unterschiedlich. Die tiefste Temperatur wurde bei Fischen in der Antarktis mit −1,9 °C gemessen, die höchste bei Mäusen und Schwalben mit 44 °C. Je höher die Temperatur des Blutes ist, desto wärmer sind auch die Muskeln und desto schneller können sie sich zusammenziehen und wieder strecken. Daher können warme Muskeln eine größere Leistung vollbringen. Wenn ein wechselwarmes Tier die Temperatur seiner Muskeln um 10 °C erhöht, so steigt deren Leistungsfähigkeit um das Dreifache.

Maikäfer, Marienkäfer und Schmetterlinge erhöhen vor dem Abflug ihre Muskeltemperatur durch mehrfaches Bewegen der Flügel (Bild 3). Für eine Temperaturerhöhung von 11 °C auf 35 °C brauchen sie etwa 6 Minuten.

Schlangen und Eidechsen erhöhen ihre Körpertemperatur durch ein Sonnenbad auf einem warmen Stein, auf dem warmen Boden oder auf den Pflanzen eines Südhanges (Bild 2).

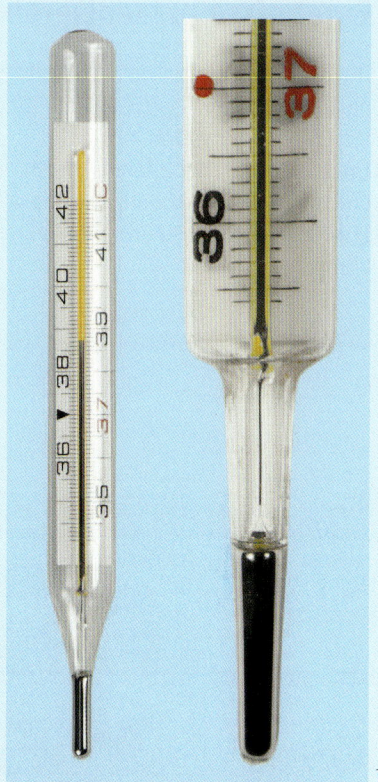

1

Beim Flüssigkeits-Fieberthermometer „reißt der Faden" nach der Messung. Die Anzeige bleibt stehen.

2

3

Ergebnisse präsentieren

Ihr habt untersucht, wie man die Lufttemperatur genau bestimmen kann. Vielleicht habt ihr euch auch bei Wetterstationen erkundigt.

Im Laufe des Schuljahres hattet ihr viele Möglichkeiten, eigene Forschungen anzustellen. Hier ein paar Hinweise, wie ihr eure Ergebnisse bekannt machen könnt.

1

Temperaturen auf der Erde

Atmosphäre

10 km Höhe −50 °C

Meerwasser in Polnähe −2,5 °C

Lava 1000 °C

90 km Höhe −90 °C

Geysir 80 °C
Geysir-Wasser (unterirdisch) 280 °C

Erdinneres (1000 km Tiefe) 2000 °C

Erdmittelpunkt etwa 6000 °C

Höchste auf der Erde gemessene Temperatur 58 °C

Blitzkanal 20 000 °C

Kältepol der Erde im Durchschnitt −57 °C

Tiefste auf der Erde gemessene Temperatur −89,2 °C

2

Plakat zu Temperaturen

1 Ergebnisse zusammentragen
Ordnet und ergänzt eure Materialien. Vielleicht könnt ihr noch Fotos von eurer Arbeit erstellen?

2 Ideen sammeln
Überlegt, was ihr mit den Ergebnissen machen wollt und wie ihr sie präsentieren könnt. Zum Beispiel könnt ihr
– mit Plakaten eine Ausstellung gestalten,
– eure Ergebnisse auf der Schulhomepage vorstellen,
– eure Ergebnisse auf einem Elternabend präsentieren,
– beim „Tag der offenen Tür" zeigen, was ihr im Physikunterricht selbst erforscht habt,
– Ergebnisse mit einer Partnerschule in einem anderen Land vergleichen.

3 Planung und Durchführung
Wenn ihr euch auf eine Idee geeinigt habt, überlegt, wie ihr vorgehen könnt und was ihr bei der Durchführung bedenken müsst. Verteilt die Aufgaben in Gruppen.

3

Weißt du es ?
Kannst du es

1. Fülle in je eine Schüssel kaltes, lauwarmes sowie heißes Wasser. Halte dann etwa 1 Minute lang eine Hand in das kalte und die andere in das heiße Wasser. Tauche anschließend beide Hände in das lauwarme Wasser. Welche Temperaturempfindungen verspürst du?

heiß   lauwarm   kalt

1

2. Wie genau sind die in der Schule oder zu Hause benutzten Thermometer? Vergleiche dazu die Temperaturangaben, nachdem sich diese Thermometer längere Zeit gemeinsam in demselben Zimmer befanden!
3. Warum soll man beim Ablesen von Flüssigkeitsthermometern die Augen in Höhe des oberen Endes der Flüssigkeit haben?
4. Miss die Temperaturen in allen Räumen der Wohnung und im Keller. Ab welcher Temperatur wäre es dir für den normalen Aufenthalt zu kühl, ab welcher zu warm?
5. a) Nenne Thermometerarten, die du zu Hause hast!
   b) Welche höchste und welche niedrigste Temperatur kann man damit messen?
   c) Wie viel Grad Celsius bedeutet jeweils der Abstand zwischen zwei benachbarten Strichen auf der Skala?
   d) Wie begründest du die Unterschiede bei den Messbereichen dieser Thermometer?
6. Welche Temperaturangaben befinden sich auf Zeichen, die in Kleidungsstücken eingenäht sind? Was besagen diese Angaben?
7. Auf den Verpackungen mancher Lebensmittel sind Temperaturen für deren Lagerung oder Zubereitung angegeben. Warum sind diese Temperaturen einzuhalten?
8. Miss an einem Sonnabend und dem folgenden Sonntag jeweils von 7.00 Uhr bis 22.00 Uhr zu jeder vollen Stunde im Freien die Lufttemperatur.
9. Aus Diagrammen kannst du auch Temperaturen ablesen, die gar nicht gemessen wurden.
   Lies in Bild 1 auf S. 80 ab, wie hoch die Temperatur nach 50 Sekunden war.
   Bestimme aus dem Diagramm die Temperatur nach 100 Sekunden.
10. Hilfe, mein Fieberthermometer zeigt 100°! DANIEL FAHRENHEIT (1686–1736) wählte sich zwei andere Festpunkte für seine Temperaturskala. Er bezeichnete seine eigene Körpertemperatur mit 100 °F und die Schmelztemperatur von Eis mit 32 °F.
    Informiere dich über die Fahrenheitskala. Würdest du bei 70 °F „hitzefrei" bekommen?

Kurz und knapp !

Die Temperatur gibt an, wie heiß oder wie kalt ein Körper ist.
Formelzeichen: ϑ (sprich: theta)
Einheit: Grad Celsius (°C)
Messgerät: Thermometer

Die Celsiusskala:
Festpunkte der Celsiusskala sind:
– die Schmelztemperatur von Eis (0 °C),
– die Siedetemperatur von Wasser (100 °C).
Den Abstand zwischen diesen zwei Festpunkten teilt man auf der Skala in 100 gleiche Teile.

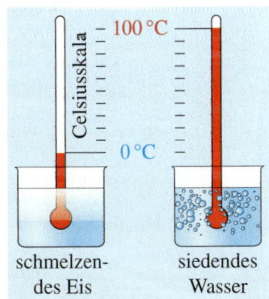

schmelzendes Eis   siedendes Wasser

Wärme und ihre Übertragung

Ohne das Licht und die Wärme, die uns die Sonne Tag für Tag schickt, gäbe es auf Dauer kein Leben auf der Erde. Es wäre bitterkalt und das nicht nur im Winter sondern auch im Sommer.
Wie wird die Wärme durch das dunkle kalte und leere Weltall bis zur Erde transportiert?
Was verstehen wir unter dem Begriff Wärme? Welche anderen Wärmequellen gibt es noch und wie funktioniert da die Übertragung der Wärme?

Natürliche Wärmequellen

↑Basiskonzept Energie

Die Sonne als Wärmequelle. Ununterbrochen sendet die Sonne, unsere größte natürliche Wärmequelle, ihre Strahlung auf die Erde. Wenn du im Sommer bei Sonnenschein barfuß auf einer Asphaltstraße gehst, so spürst du, dass die Sonne sehr viel Wärme aussendet. Auch beim Einsteigen in einen Pkw, der in der Sonne gestanden hat, ist dir das schon aufgefallen. Nach diesem Prinzip kann man sehr preiswert und umweltfreundlich heißes Wasser herstellen. Das geschieht z. B. in Sonnenkollektoren (Bilder 2 und 3).

Im Brennpunkt großer Sonnenspiegel können Temperaturen von vielen tausend Grad Celsius auftreten. Solche Anordnungen benutzt man als Sonnenkraftwerke (Bild 4).

Produktion von Sonnenkollektoren

Sonnenkollektoren auf einem Hausdach

Solar-Großkraftwerk

Die Erde als Wärmequelle. Im Inneren ist unsere Erde so heiß, dass dort alle Stoffe geschmolzen sind. Woher wissen wir das? An manchen Stellen unserer Erde gelangt ab und zu das flüssige und glühende Gestein bis an die Erdoberfläche. Das geschieht in Vulkanen. Oft strömt die Lava – so nennt man das flüssige Gestein – kilometerweit (Bild 1).

1

2

Ausbruch des Vulkans Piton de la Fournaise auf der Insel Réunion (gehört zu Frankreich) im Indischen Ozean. Dieser Vulkan ist einer der aktivsten Vulkane auf der Erde.

Old Faithful ist einer der bekanntesten Geysire der Erde. Er befindet sich im Yellowstone-Nationalpark im Bundesstaat Wyoming (USA).

Unsere Erde besteht aus dem sehr heißen, flüssigen Erdkern und aus der kälteren festen Erdkruste. Seit der Entstehung unserer Erde hat sich die Erdkruste so stark abgekühlt, dass man gar nicht vermutet, wie heiß es unter uns ist. Bergleute, die unter Tage arbeiten, wissen das aber sehr gut. Je tiefer sie einfahren, desto höher wird die Temperatur. Bereits wenn sie sich 33 m unter der Erde befinden, ist die Temperatur um 1 °C gestiegen. Daraus kann man leicht ausrechnen, dass die Temperatur in 1000 m Tiefe um etwa 30 °C höher als dicht unter der Erdoberfläche ist.

An manchen Stellen ist die Erdkruste besonders dünn. Wenn sie dann noch Spalten oder Risse hat, kann Wasser in heiße Erdschichten gelangen. Dort entsteht Wasserdampf und dieser drückt das heiße Wasser wieder zur Erdoberfläche. Dort tritt es aus der Erde als Thermalquelle oder Geysir aus (Bild 2).

Solche Körper, die Wärme abgeben, nennen die Physiker Wärmequellen.

 Wärmequellen sind Körper mit höherer Temperatur. Sie geben Wärme ab.

Die Sonne, Vulkane, Geysire und Thermalquellen sind natürliche Wärmequellen.

Vom Menschen geschaffene Wärmequellen

Reibung erzeugt Wärme. Wenn es dir kalt war, dann hast du bestimmt schon einmal die Hände kräftig gegeneinander gerieben. Reibst du lange, so werden die Hände warm. Durch Reibung kann man sogar sehr hohe Temperaturen erzeugen. Das wissen die Menschen schon lange. Noch heute erzeugen in Abgeschiedenheit lebende Ureinwohner Feuer durch Reiben. Sie versetzen einen spitzen Stab aus hartem Holz wie einen Quirl in Drehbewegung. Dieser Stab sitzt in einer Vertiefung eines Weichholzstückes (Bild 1). Nach einiger Zeit hat sich der mittlere Teil des Weichholzstückes so stark erwärmt, dass er zu brennen beginnt.

Diesen Vorgang kann man leicht nachvollziehen.

1

EXPERIMENT 1

In eine kleine Handbohrmaschine wird ein Nagel von etwa 6 cm Länge eingespannt. Dazu wird er mit seiner Spitze ins Bohrfutter eingeführt. Der Kopf des Nagels wird auf ein kleines, dickes Brett aus weichem Holz aufgesetzt. Man schaltet die Bohrmaschine ein und drückt den Nagelkopf auf das Holzbrett. Bereits nach etwa 10 s steigt Rauch auf, nach 20 s verkohlt das Brett in der Nähe des Nagelkopfes.

2

▶ **Durch Reibung entsteht Wärme.**

Bei allen Motoren und in Radlagern von Fahrzeugen muss man die Reibung möglichst verringern, damit keine Erwärmung auftritt. Bei den Bremsen von Fahrzeugen ist die Reibung erwünscht. Damit sie sich nicht zu stark erwärmen, muss für eine gute Kühlung gesorgt werden.

Wenn man z. B. bei Fahrten mit dem Auto im Gebirge sehr oft bremsen muss, kann es geschehen, dass die Bremsscheiben glühen (Bild 3).

3

Elektrische Wärmequellen. Heizplatten, Wasserkocher, Toaster und Infrarotstrahler sind sehr zweckmäßige Wärmequellen. In ihnen durchfließt der elektrische Strom dünne Drähte und erzeugt dabei auf kleinem Raum viel Wärme. Solche Heizdrähte sind in einem eingeschalteten Toaster besonders gut zu sehen (Bild 6).

4

5

6

Chemische Wärmequellen. Die älteste Wärmequelle der Menschen ist das Feuer. Es wurde bereits von den Urmenschen zur Heizung und Zubereitung von Speisen benutzt. Beim Verbrennen des Holzes in Feuerstätten vollzogen sich chemische Veränderungen. Ähnliche Vorgänge treten auf, wenn Kohle, Erdöl und Erdgas verbrannt werden. Kleine chemische Wärmequellen sind Gasfeuerzeuge und Teelichter (Bild 4). Sie brennen mit kleinen Flammen und geben dabei wenig Wärme ab.

 ↑Basiskonzept System

▶ **Körper können durch mechanische, elektrische und chemische Vorgänge erhitzt und damit zu Wärmequellen werden.**

 ↑Basiskonzept Materie

Übertragung von Wärme

Wenn es draußen kalt ist, fühlst du dich in einem geheizten Zimmer so richtig wohl. Die Temperatur ist viel höher als draußen. Dafür sorgt ein Heizkörper oder ein Ofen. Er ist die Wärmequelle. Der Heizkörper gibt ständig neue Wärme ab.
Diese Wärme breitet sich im Zimmer aus. Sie bleibt aber nicht im Zimmer. Die Wärme wird auf die Wände, den Fußboden und die Decke übertragen. Sie dringt durch die Wände, den Fußboden und die Decke hindurch. Schließlich gelangt sie ins Freie. Die meiste Wärme verlässt das Zimmer durch die Fenster und die Türen (Bild 5).
Diese Beispiele und viele Experimente lassen erkennen:

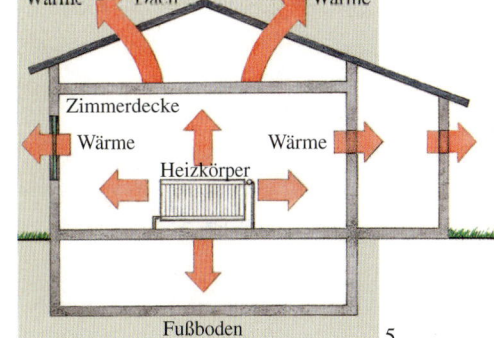

▶ **Wärme kann von einem Körper auf andere übertragen werden.**

Wärmeleitung

Heißer Tee wird kalt, die Temperatur der Milch aus dem Kühlschrank nimmt zu. Täglich erlebst du ähnliche Vorgänge: Der Gegenstand und seine Umgebung haben nach kurzer Zeit die gleiche Temperatur.

EXPERIMENT 2
1 Stelle ein kleines Becherglas mit Wasser von 80 °C in ein Becken mit Wasser von 20 °C. Rühre in beiden Gefäßen regelmäßig um. Miss nach 10 min erneut die Temperatur im Becherglas.
2 Wiederhole das Experiment mit Wasser von 40 °C im Becherglas!

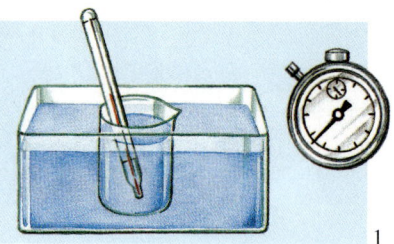

1

Die Temperatur im Becherglas nimmt schneller ab, wenn das Wasser darin eine hohe Temperatur besitzt, wenn also der Temperaturunterschied zwischen innen und außen groß ist.
Im Experiment 2 gibt das heiße Wasser Wärme an die Wand des Becherglases ab. Das Glas leitet die Wärme im Inneren weiter und gibt Wärme an das kalte Wasser ab.

Die Übertragung von Wärme zwischen Gegenständen, die einander berühren, wird als **Wärmeleitung** bezeichnet.
Auch innerhalb eines Körpers wird Wärme von einer Stelle höherer Temperatur zu einer Stelle niedrigerer Temperatur durch Wärmeleitung übertragen.

 ↑Basiskonzept Wechselwirkung

▶ **Für die Wärmeleitung gilt: Je größer der Temperaturunterschied ist, desto schneller wird die Wärme übertragen.**
Die Wärmeleitung endet, wenn sich die Temperaturen ausgeglichen haben.

Gute und schlechte Wärmeleiter. Wohnungen in alten Häusern besitzen manchmal einfache Fenster. Durch das Fensterglas wird mehr Wärme an die Umgebung übertragen als durch ein Wandstück der gleichen Fläche.
Aber liegt es nur an der Dicke des Körpers oder leiten verschiedene Stoffe die Wärme unterschiedlich gut?

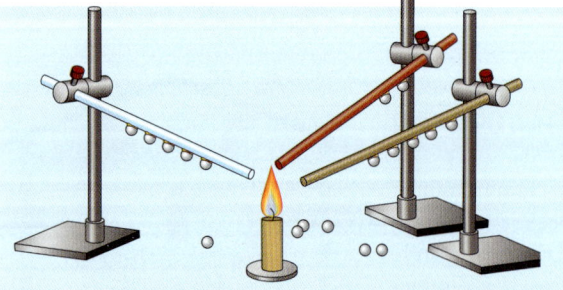

EXPERIMENT 3
An einem Kupferstab, einem Eisenstab und einem Glasstab sind Schrotkugeln mit Wachs befestigt. Die Stäbe werden gleichzeitig an den Enden erhitzt.

2

Ist der Stab an der Stelle, an der eine Kugel hängt, heiß genug, so schmilzt das Wachs und die Kugel fällt ab. Man kann deutlich sehen, in welchen Stab die Wärme schneller weitergeleitet wird.

Nicht nur feste Körper leiten die Wärme vom heißen zum kalten Ende, auch in Flüssigkeiten gibt es Wärmeleitung.

EXPERIMENT 4

1 Stecke ein Stück Eis in ein Reagenzglas und klemme es am Boden mit einem Draht fest!
2 Fülle das Glas mit kaltem Wasser auf!
3 Erhitze das Reagenzglas am oberen Ende mit einer Kerzenflamme oder mit einem Gasbrenner bis das Wasser siedet!

siedendes Wasser

Wasser
Draht
Eis

1

Das Wasser leitet die Wärme so langsam, dass es oben bereits siedet, während es unten noch Eis enthält.

Noch schlechter als Wasser leitet Luft die Wärme. In Styropor sind viele kleine Luftbläschen eingeschlossen. Ein gekühltes Getränk bleibt in einer Flasche mit Styropormantel lange kühl.

Unterschiedliche Stoffe leiten die Wärme unterschiedlich gut:
Metalle wie Silber, Kupfer und Stahl sind gute Wärmeleiter.
Wasser ist ein schlechter Wärmeleiter.
Luft, Styropor, Holz, Papier sind sehr schlechte Wärmeleiter.

In Styropor sind viele kleine Luftbläschen eingeschlossen.

Eisen ist nicht kalt und Holz nicht warm. Wenn in einem Raum schon lange dieselbe Temperatur geherrscht hat, haben alle Gegenstände im Raum genau diese Temperatur. Alle Temperaturunterschiede haben sich ausgeglichen. Aber wenn du z. B. in der Küche die Spüle aus Metall berührst, fühlt sie sich viel kälter an als die hölzerne Stuhllehne, ein Trinkglas oder die Gardine.

Berührst du die Metallspüle, so wird die von der Hand kommende Wärme schnell weitergeleitet und gleichmäßig verteilt. Die Spüle ändert dabei kaum ihre Temperatur. Sie kühlt unsere Haut und deshalb empfinden wir sie als kühl.

Ein Holzbrett dagegen leitet die Wärme bei Berührung schlecht weiter. Die Hauttemperatur wird kaum geändert. Das Holzbrett erscheint uns wärmer als die Metallspüle.

Die umgekehrte Situation kannst du erleben, wenn du einen Auflauf aus dem Backofen holen willst: Selbst wenn der Ofen schon lange ausgeschaltet ist, kannst du die Backform nicht mit der bloßen Hand herausnehmen.

3

4

EXPERIMENT 5

1 Lege einen Metall-, einen Kunststoff- und einen Holzlöffel in den elektrischen Backofen und stelle die Temperatur auf 50 °C ein. Bitte zuvor einen Erwachsenen um Erlaubnis!
2 Warte mindestens 20 Minuten und versuche vorsichtig, die Löffel einzeln mit der bloßen Hand herauszuholen. Beschreibe die Unterschiede!

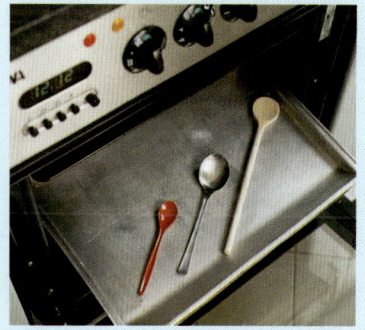

5

Der heiße Metalllöffel leitet Wärme, die durch die Berührung an deine Hand weiter gegeben wird, schnell nach. Deshalb erwärmt er die Haut stark.

Auch der Holzlöffel gibt Wärme an deine Haut ab. Das Holz kühlt an der Berührungsstelle ab. Da Holz ein schlechter Wärmeleiter ist, wird im Inneren des Holzlöffels die Wärme nur sehr langsam zu dieser Stelle mit niedrigerer Temperatur weiter geleitet. Holz kann man trotz hoher Temperatur berühren.

Erklärung der Wärmeleitung mit der Teilchenvorstellung. Alle Körper bestehen aus Teilchen, die sich je nach der Temperatur des Körpers unterschiedlich schnell bewegen. Wird dem Körper an einer Stelle Wärme zugeführt, dann bewegen sich die Teilchen dort heftiger. Diese heftige Bewegung wird nach und nach auf die anderen Teilchen übertragen. Die Wärme wird im Körper durch die Teilchen weiter geleitet (Bild 1).

Die Temperatur des Körpers ist auch an den anderen Stellen gestiegen, obwohl diese gar nicht erwärmt worden sind.

Je nachdem aus welchem Material der Körper besteht, erfolgt die Wärmeleitung besser oder schlechter.

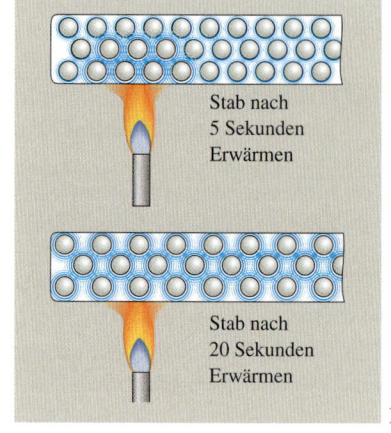

Stab nach 5 Sekunden Erwärmen

Stab nach 20 Sekunden Erwärmen

1

Wärmeleitung im Teilchenmodell

 ↑Basiskonzept Materie

Wärmeströmung

In der Weihnachtszeit kannst du in vielen Schaufenstern und vielleicht auch bei euch zu Hause eine Weihnachtspyramide bewundern. Die Krippenfiguren sind mit dem Flügelrad durch eine Achse verbunden, die unten in einer Stahlspitze endet. Solange die Kerzen brennen, dreht sich das Flügelrad und nimmt die Figuren mit. Wo steckt hier der Motor? Was treibt das Flügelrad der Pyramide an?

Über den Kerzen ist die Temperatur der Luft groß, die Luft steigt auf. Sie trifft auf die schrägen Flügel der Weihnachtspyramide und schiebt diese zur Seite. Dadurch beginnt sich das Flügelrad zu drehen.

Eine Luftströmung ist auch in einem geheizten Zimmer zu beobachten. Wo die aufsteigende Luft herkommt, und wo sie bleibt, kannst du in einem weiteren Experiment untersuchen.

2

EXPERIMENT 6

1 Stelle im Beisein eines Erwachsenen ein brennendes Teelicht dicht vor der warmen Heizung auf den Boden. Beobachte die Flamme!

2 Hänge ein Zimmerthermometer für mindestens 15 min dicht unter die Decke, vielleicht an die Lampe. Lies die Temperatur ab!

3 Lege das Thermometer ebenso lange auf den Boden und lies ebenfalls die Temperatur ab!

3

Die Flamme neigt sich sichtbar zur Heizung: Wie ein leichter Windzug strömt die Luft am Boden zur Heizung. An der Heizung nimmt die Temperatur der Luft zu und die Luft steigt nach oben. Dort strömt die warme Luft in umgekehrter Richtung wie am Boden, also von der Heizung weg. Im Zimmer gibt sie Wärme an Decke, Wand und Möbel ab. Die Temperatur der Luft sinkt. Die Luft sinkt dabei nach unten. Am Boden angekommen strömt die Luft wieder zur Heizung. Der „Kreis" hat sich geschlossen.

Die Luftströmung und damit die Wärmeströmung über einem Heizkörper kann man leicht nachweisen.

EXPERIMENT 7

Stelle dir aus dünner Pappe eine kreisförmige Scheibe von etwa 15 cm Durchmesser her. Schneide von außen schneckenförmig einen 3 cm breiten Streifen so weit aus, dass in der Mitte noch eine 4 cm große Scheibe bleibt. Befestige in dem Schraubverschluss einer Flasche eine große Stopfnadel so, dass die Spitze nach oben zeigt. Setze die ausgeschnittene Schnecke mit ihrem mittleren Teil auf die Nadel. Stelle die Flasche auf einen warmen Heizkörper!

Die Schnecke wird durch die aufsteigende warme Luft in Drehung versetzt.

Auch in Flüssigkeiten kann die Wärme durch Strömung transportiert werden.
Du kennst das von einem Heizkörper. Wenn es z.B. im Zimmer zu kalt ist, drehst du das Ventil an der Heizung auf. Der Heizkörper ist noch kalt. Dann erwärmt er sich zunächst in der Nähe des Ventils. Schließlich wird er allmählich überall heiß. Mit der Hand kannst du fühlen, wie das heiße Wasser vom Ventil aus in den Heizkörper hineinströmt (Bild 3). Dabei bringt es viel Wärme mit. Eigentlich strömt jedoch nur das Wasser. Es hat eine hohe Temperatur. Dadurch transportiert es Wärme.

Mit dem folgenden Experiment kannst du die Wärmeströmung in Wasser untersuchen.

EXPERIMENT 8

Fülle ein großes Glasgefäß mit Wasser und heize es ganz am Rand mit einem kleinen Tauchsieder. Gib nach etwa 5 min gegenüber dem Tauchsieder einige Tropfen konzentrierte Lebensmittelfarbe ins Wasser. Beobachte die Strömung des gefärbten Wassers!

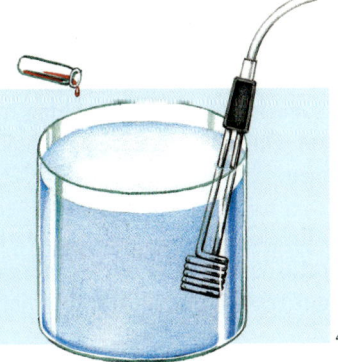

Das erwärmte Wasser steigt nach oben und treibt dadurch die Strömung an. Wasser mit hoher Temperatur steigt nach oben, weil es „leichter" ist als Wasser mit niedrigerer Temperatur. Es hat eine geringere Dichte.

> **In Flüssigkeiten und Gasen kann die Wärme durch Wärmeströmung übertragen werden. Die Wärme wird mit der strömenden Flüssigkeit bzw. mit dem strömenden Gas mitgeführt.**

Die Wärmeströmung kann dadurch verstärkt werden, dass man die Strömungsgeschwindigkeit des Stoffes erhöht. Bei Warmwasserheizungen benutzt man dazu Pumpen, bei Warmluftheizungen Gebläse. So können Zirkuszelte mit Warmluftgebläsen beheizt werden. Auch dein Föhn oder ein Händetrockner erzeugen eine Wärmeströmung.

1

Wärmestrahlung

Ein Osterfeuer lodert hoch in den Himmel. Von weitem sieht es aus wie eine riesige flackernde Kerzenflamme. Als das Buschwerk entzündet wurde, standen die Menschen noch dicht davor. Inzwischen hält es aber keiner mehr in der Nähe des Feuers aus.
Warum ist es neben dem Feuer so heiß?
Müsste nicht die Wärme wie bei der Kerze mit der heißen Luft nach oben steigen? Wärmeleitung kann auch nicht der Grund sein, denn Luft ist ein sehr schlechter Wärmeleiter.

2

EXPERIMENT 9
Für dieses Experiment benötigst du eine Lampe mit drehbarem Schirm.
1 Halte deine Hand unter die eingeschaltete Lampe. Beschreibe, was du auf der Vorderseite und der Rückseite deiner Hände empfindest!
2 Drehe den Schirm der Lampe so wie in Bild 3!
   Kannst du mit geschlossenen Augen fühlen, ob die Lampe eingeschaltet ist? (Lampe nicht berühren!)

3

Die Wärme wird durch Wärmestrahlung übertragen. Für diese Form der Wärmeübertragung ist kein Stoff erforderlich. So gelangt z. B. die Wärmestrahlung von der Sonne durch das leere Weltall zur Erde, genau wie das Sonnenlicht. Wärmestrahlung tritt in der Umgebung aller heißen Körper auf. Du spürst sie über einer heißen Herdplatte und in der Nähe von Flammen.

> **Alle Gegenstände senden Wärmestrahlung aus. Je höher ihre Temperatur ist, desto mehr Wärme geben sie dabei ab. Für die Übertragung der Wärme durch Strahlung ist kein Stoff erforderlich.**

Wenn die Wärmestrahlung der Sonne auf eine Asphaltstraße auftrifft, so erwärmt sich diese stärker als eine Betonstraße. Das hast du schon beim Barfußgehen bemerkt. Warum erwärmen sich manche Körper bei gleicher Bestrahlung stärker als andere?

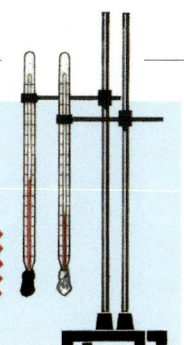

EXPERIMENT 10
Umwickle die Thermometergefäße zweier gleicher Thermometer mit Aluminiumfolie. Streiche die eine Folie mit schwarzer Tusche an.
Bringe die Thermometer 1 min lang in 30 cm Entfernung vor einen Wärmestrahler. Vergleiche die Temperaturen!

1

Das schwarz gefärbte Thermometer zeigt nach kurzer Zeit eine höhere Temperatur an als das helle, glänzende Thermometer.

▶ **Bei gleicher Bestrahlung absorbieren (verschlucken) dunkle und matte Körper die Wärmestrahlung stärker als helle.**
Wärmestrahlung wird von hellen und glänzenden Körpern reflektiert (zurückgeworfen).

Verschiedene Stoffe lassen die Wärmestrahlung unterschiedlich gut hindurch. Mit der in Bild 3 dargestellten Anordnung kannst du die Durchlässigkeit verschiedener Stoffe für Wärmestrahlung untersuchen. Dazu benutzt du das Thermometer mit der geschwärzten Folie und Platten aus verschiedenen Stoffen.

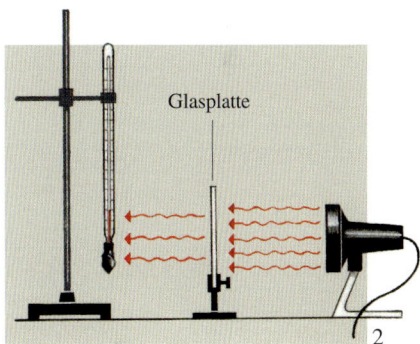

Glasplatte

2

▶ **Verschiedene Stoffe sind für die Wärmestrahlung unterschiedlich gut durchlässig. In Luft wird die Wärmestrahlung fast nicht geschwächt. Durch Glas und Kunststoff geht die Wärmestrahlung teilweise hindurch.**

Aus der **Geschichte**

Heißluftballons – am Himmel fahren

Der erste Aufstieg eines Menschen mit einem Ballon ist mit den Namen der Gebrüder JOSEPH (1740–1810) und ETIENNE (1745–1799) MONTGOLFIER verbunden. Sie waren Papierfabrikanten.
Die Idee zu ihrem Ballon entstand aus Beobachtungen an Rauchgasen, die im offenen Kamin aufstiegen und verbrannte Papierfetzen in die Luft trugen. Sie wollten diese leichten Rauchgase in einer Hülle einfangen und hofften, dass die Gase auch diese Hülle in die Luft heben würden. Anfangs experimentierten die Gebrüder mit Seidensäckchen. Im Jahre 1782 flog ein solches 300 m hoch und 1500 m weit. Dies spornte sie an, einen größeren Ballon aus Leinwand und Papier zu bauen.
Am 5. Juni 1783 starteten sie ihren ersten Ballon auf dem Marktplatz von Lyon. Der Ballon hatte einen Durchmesser von etwa 12 m. Gefüllt war er mit „stinkigem Rauch", wie er aus brennendem, feuchtem Stroh aufsteigt. Der Ballon soll eine Höhe von 1800 m erreicht haben. Solche Ballons bezeichnete man später nach ihren Erfindern als Montgolfieren.

3

Der Heißluftballon

Heiße Luft ist leichter als kalte Luft und steigt auf. Das wird auch beim Heißluftballon genutzt. Wird warme Luft in einen Ballon gesperrt und sind dann immer noch die heiße Luft in ihm und die Ballonhaut mit allem was daran hängt leichter als die vom Ballon verdrängte kalte Luft, steigt der Ballon auf. Einmann-Ballone haben ein Volumen von 500 m³, Sportballone etwa 3000 m³; mit Ballonen von 12 000 m³ können bis zu 19 Personen aufsteigen.

Ballonhülle Die Hülle wird aus dünnem, reißfestem Nylon genäht und einseitig mit Polyuhrethan beschichtet. Dieser Stoff ist hitzebeständig und sehr leicht. Ein Quadratmeter wiegt nur 60 g. Schreibmaschinenpapier wiegt mehr, nämlich 80 g je m². Die Betriebstemperatur im Inneren des Ballons liegt zwischen 80 °C und 110 °C.

Nomexbahn Im unteren Bereich der Ballonhülle verwendet man eine rundumlaufende Bahn aus extrem hitzebeständigem und schwer entflammbarem Nomex-Stoff.

Scoop An der unteren Hüllenöffnung befindet sich der Scoop bzw. die Schürze. Er besteht ebenfalls aus Nomex-Stoff und sorgt dafür, dass die Brennerflamme nicht durch Wind zur Seite abgelenkt wird.

Lastgurte Als tragendes Gerippe werden Lastgurte in die Ballonhülle eingenäht. Die Gurte beginnen oben im Kronenring und enden unten in Schlaufen, an denen der Korb mit den Ballonfahrern hängt.

Parachute Der Ballon steigt, wenn die Luft in ihm mit dem Brenner erwärmt wird. Er sinkt, wenn oben aus der Öffnung warme Luft entweichen kann. Diese Öffnung wird mit einem Fallschirm, der Parachute, verschlossen. Über eine Zugleine, kann man den Parachute ins Hülleninnere ziehen – dann strömt heiße Luft aus. Lässt man die Leine wieder los, wird der Parachute wieder nach oben gedrückt.

Korb Noch heute bestehen die meisten Körbe aus Peddigrohr, Weiden oder ähnlichem Naturgeflecht. Das Naturgeflecht dämpft den Schwung des Aufpralls und ist trotzdem sehr widerstandsfähig.

Brenner Beim Sportballon verwendet man einen Doppelbrenner. Beide Brenner werden unabhängig voneinander betrieben. Fällt ein Brennersystem während der Fahrt aus, kann mit dem anderen die Fahrt sicher zu Ende gebracht werden. Die Standardgasflasche für einen Sportballon hat ein Fassungsvermögen von knapp 20 kg; 4 bis 5 solcher Flaschen sind meist an Bord.

Bau eines Heißluftballons

Baut einen Heißluftballon. Probiert verschiedene Varianten aus:

Variante 1:

Als Heißluftballon dient ein Folienbeutel für den Müllbehälter in der Küche oder ein größerer Kunststoffbeutel.

Variante 2:

Ihr baut einen Ballon wie im Bild 2. Im oberen Bereich ähnelt er einer Kugel, im unteren einem Kegelstumpf. Er wird aus 6 Teilstücken zusammengesetzt. Die Maße für ein Teil sind im Bild 1 angegeben. Es entsteht ein Ballon mit einem Durchmesser von ca. 1 m.

Wenn ihr Papier verwendet, so wird es geleimt (Masse des Leims berücksichtigen). Folie kann z. B. mit einem Haushalts-Schweißgerät zusammengeschweißt werden. Wenn ihr den Ballon bemalen wollt, müsst ihr auch die Masse der Farbe berücksichtigen.

Experimentiert mit euren selbst gebauten Ballons. Versucht die Flugeigenschaften so zu verbessern, dass er möglichst hoch und möglichst lange steigt.

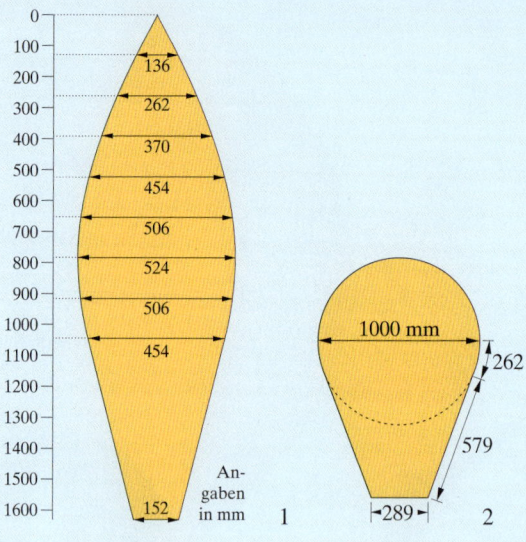

Angaben in mm

Tipp:

Im Handel gibt es verschiedene Modelle von Heißluftballons als Spielzeug zu kaufen. Sie enthalten auch eine genaue Bau- und Startanleitung. Damit der Start eines eigenen Heißluftballons ein Erfolg wird, muss man vor Beginn des Baus eine Reihe von Fragen lösen.

Wie kann man den Ballon mit heißer Luft füllen?
Am günstigsten wäre ein Propangasbrenner, doch hier besteht die Gefahr, dass der Ballon bereits vor dem Abflug verbrennt. Dies kann man vermeiden, indem man die Flamme mit einem alten Ofenrohr umgibt oder indem man eine leistungsstarke elektrische Heizplatte verwendet.

Welche Gefahren könnten von dem Ballon ausgehen?
Um den Luftverkehr nicht zu gefährden, darf man in der Nähe von Flughäfen generell keine Heißluftballons starten. Unter dem Ballon darf kein Brenner befestigt sein, da die Brandgefahren beim Absturz oder Landen in größerer Entfernung nicht abzuschätzen sind.

Aus welchem Material soll der Ballon gebaut werden? Wo kann man dieses besorgen?
Die Flächendichte des Materials, darunter versteht man die Masse je 1 m² Material, sollte kleiner als 10 g/m² sein. Viele Folien und Papiersorten sind schwerer. Gewöhnliches Schreibpapier hat z. B. eine Flächendichte von 80 g/m².

Wovon hängen die Flugeigenschaften des Ballons ab?
Ob der Ballon steigt, hängt besonders vom Volumen der verdrängten Luft und von der Temperaturdifferenz zwischen der heißen Luft im Ballon und der Luft in der Umgebung ab. Daher sollte man den Ballon nicht zu klein bauen. Und im Sommer ist ein Start in der Mittagshitze ungünstig.

Wie lässt sich der Ballon stabilisieren, damit er nicht umkippt?
Dazu können am unteren Rand Büroklammern oder ein Ring aus leichtem Draht nützlich sein.

3

Weißt du es **?**
Kannst du es

1. Nenne je 4 Beispiele für natürliche Wärmequellen und Wärmequellen, die vom Menschen geschaffen wurden!
2. Nenne Stoffe, die die Wärme gut leiten. Beschreibe an 2 Beispielen, wo diese Stoffe eingesetzt werden!
3. Nenne Stoffe, die die Wärme schlecht leiten. Beschreibe an 3 Beispielen, wo solche Stoffe genutzt werden!
4. Warum bestehen die Heizkörper aus Metall und ihre Stellknöpfe aus Kunststoff?
5. Warum sollte man einen Metalllöffel nach dem Umrühren aus einem Glas mit heißem Tee herausnehmen?
6. Erläutere 2 Beispiele für Wärmeströmungen in Natur oder Technik!
7. Beschreibe, wie die Wärme von der Flamme eines Gasherdes zu den Nudeln im Kochtopf gelangt!
8. Erläutere 2 Beispiele, in denen Wärme durch Strahlung übertragen wird!
9. Auf frischen Schnee werden ein schwarzes und ein weißes Stück Stoff gelegt. Was vermutest du, was nach längerer Sonneneinstrahlung passiert ist?
10. Aus welchem Grund bevorzugt man in heißen Ländern helle Kleidungsstücke?
11. In Verbandkästen liegt als Rettungsdecke eine Kunststofffolie, die mit einer Metallschicht überzogen ist. Wie kann die Folie einen Verletzten warm halten?
12. Kühllastwagen und Kühlwaggons der Eisenbahn sind fast immer weiß lackiert. Warum?

13. In der Sauna herrschen manchmal Temperaturen von über 100 °C.
    a) Warum kann dies der Mensch aushalten?
    b) Warum kann man dort Holz berühren, während man sich an Metall verbrennt?
14. Hältst du deine Hand vorsichtig über einen Toaster, so wird es warm. Ist das nun eher Wärmemitführung durch erwärmte Luft oder eher Wärmestrahlung? Denke dir ein (ungefährliches) Experiment aus, mit dem du deine Antwort prüfen kannst. Vergleicht eure Ergebnisse in der Klasse.
15. Überziehe eine Postkarte glatt mit glänzender Aluminiumfolie.
    a) Halte die Postkarte mit der Folienseite nahe an deine Wange (Bild 1). Was stellst du fest? Welche Erklärung hast du für deine Beobachtung?
    b) Mit der Alufolie kannst du „Wärme reflektieren": Halte die Postkarte über einen eingeschalteten Toaster oder vor ein senkrecht stehendes Bügeleisen (Bild 2).

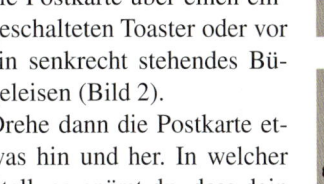

1

Drehe dann die Postkarte etwas hin und her. In welcher Stellung spürst du, dass dein Gesicht warm wird?

2

16. Heißer Tee (60 °C) wird in eine Tasse (20 °C) gegossen.
    a) Wähle aus, in welcher Tasse der Tee nach dem Eingießen wärmer ist:
       A in einer Glastasse
       B in einer Stahltasse
    b) Begründe deine Auswahl!

Kurz und knapp **!**

Wärmequellen in der Natur: Sonne, Vulkane, Geysire, Thermalquellen, Lebewesen (insbesondere Menschen, Säugetiere und Vögel)
Vom Menschen geschaffene Wärmequellen: Erwärmung von Körpern durch mechanische, elektrische oder chemische Vorgänge

Wärmeleitung:
tritt in allen Stoffen und in allen Aggregatzuständen auf

Wärmeströmung:
tritt in Flüssigkeiten und Gasen auf

Wärmestrahlung:
tritt ohne Mitwirkung eines Stoffes auf

Wärmedämmung

Der Eisbär scheint sich trotz der tiefen Temperaturen in der Arktis sehr wohl zu fühlen. Wie halten Eisbären solche Temperaturen aus?
Wenn wir Menschen uns in der Arktis aufhalten, dann müssen wir viele Maßnahmen ergreifen, um uns vor starken Wärmeverlusten zu schützen. Wie gelingt das bei den Eisbären?

Wie kann man die Wärmeübertragung verhindern?

Den ganzen langen Winter über muss geheizt werden. Leider reicht es nicht, das Zimmer nur einmal auf angenehme Temperatur zu erwärmen. Wenn die Heizung abgestellt ist, wird es schnell wieder kalt. Auch bei geschlossenen Fenstern wird die dem Zimmer zugeführte Wärme wieder abgeführt. Aber wie kommt sie nach draußen? Ohne eine schützende Hülle geht ein Teil der Wärme gleich verloren und trägt nicht zur Temperaturerhöhung im Haus bei; man erkennt es an der Temperatur im Haus. Die Wärme kann das Haus nur durch Wände, Decken und Fenster verlassen haben (Bild 2).

Sind diese gut isoliert, bleibt mehr Wärme im Haus; die Temperatur ist höher.

↑Basiskonzept
Materie

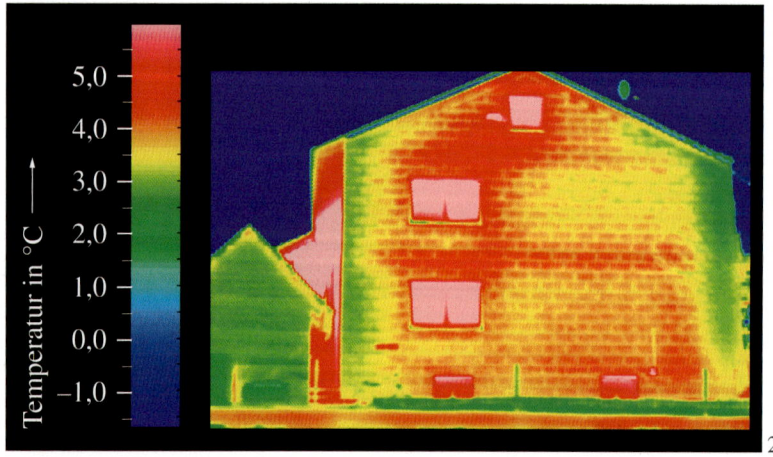

Dieses Haus wurde in den frühen Morgenstunden mit einer Spezialkamera fotografiert. Die Farben dieses Fotos zeigen nicht die Farben des Hauses, sondern die Temperatur der Außenwände, des Daches und der Fenster. Solche Bilder heißen Thermografien oder Wärmebilder. Jede Farbe entspricht einer bestimmten Temperatur. Aus Thermografien kann man ablesen, wo im Winter besonders viel Wärme verloren geht.

Als Kälteschutz besitzt der Eisbär ein dickes Fell und eine Speckschicht.
Wir Menschen schützen uns durch bauschige Kleidung.
Kleidung, Fell und Speckschicht verhindern, dass unser Körper viel Wärme an die Umgebung abgibt und so auskühlt. Dazu werden Materialien verwendet, die viel Luft enthalten. Auch Winterkleidung enthält viel Luft, meist im Gewebe, selten auch in Kammern (Bild 1).

Untersuche im folgenden Experiment, wie sich eine Umhüllung aus einem Material, das viel Luft enthält, auf die Temperatur eines Körpers auswirkt. Als Ersatz für das Eisbärenfell oder für Winterkleidung verwenden wir Wolle oder Watte.

1

EXPERIMENT 1
1 Fülle zwei kleine Plastikdosen mit heißem Wasser und verschließe sie. Wickle eines der Gefäße in Watte ein, das andere bleibt auf dem Tisch stehen.
2 Prüfe nach 30 Minuten die Temperatur beider Gefäße, indem du sie an die Wange hältst. Was stellst du fest?

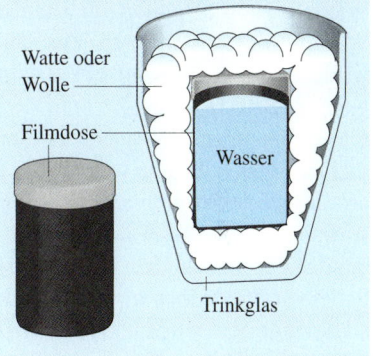

2

In deinem Experiment hast du verhindert, dass die Wärme schnell an die Umgebung übertragen wurde.

▶ **Die Behinderung der Wärmeübertragung heißt Wärmedämmung.**

Um eine hohe Dämmung zu erreichen, müssen sowohl Wärmeleitung als auch Wärmeströmung und Wärmestrahlung stark verringert werden. Das ist durch folgende Maßnahmen möglich:
– Die beiden Körper unterschiedlicher Temperatur dürfen sich nicht direkt berühren. Dann kann auch keine Wärmeleitung zwischen ihnen auftreten.
– Zwischen diesen Körpern muss sich ein Gas oder ein Vakuum befinden. Die Wärmeleitung von Gasen ist sehr gering.
– Um Wärmeübertragung durch Strömung der Gase zu verringern, muss sich das Gas in möglichst kleinen Räumen befinden.
– Mit Metallfolien kann die Wärmestrahlung reflektiert werden.

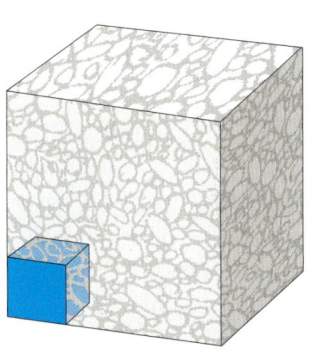

3

Ein Styroporblock wäre ohne Luft nur so groß wie der hier blau gezeichnete Würfel.

Wärmedämmung bei Thermosflaschen. In einer Thermosflasche kann man heiße oder kalte Getränke lange Zeit heiß oder kalt halten. Bei ihr wird die Wärmeübertragung folgendermaßen behindert:
Zwischen äußerer und innerer Glaswand befindet sich ein luftleerer Raum. Dadurch sind weder Wärmeleitung noch Wärmeströmung möglich. Die verspiegelten Wände sorgen dafür, dass auch die Wärmestrahlung ins Innere der Thermosflasche zurückgeworfen wird (Bild 4).

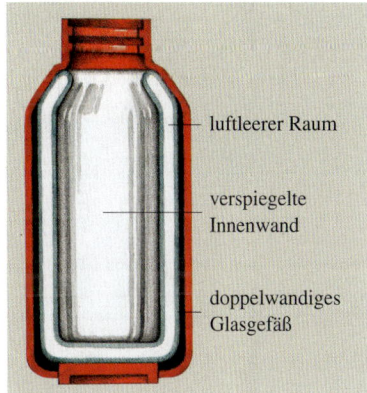

luftleerer Raum

verspiegelte Innenwand

doppelwandiges Glasgefäß

4

Ein Schutzmantel für das Haus

In einem Haus mit sehr guter Wärmedämmung kann man viel Geld für die Heizung sparen und einen wichtigen Beitrag zum Schutz der Umwelt leisten. Wärmedämmung beginnt mit der Auswahl der Baustoffe, aus denen man die Wände herstellt (Bild 1).

Die Wände müssen möglichst viele kleine Hohlräume besitzen, in denen sich Luft befindet. Hierzu sind Steine aus Schaumbeton möglich, die sowohl die notwendige Festigkeit besitzen als auch viele kleine mit Luft gefüllte Hohlräume (Bild 2). Um die Strömungen in den Kanälen in Doppelwandmauern auszuschließen, kann man Schaumstoff in die Hohlräume hinein bringen (Bild 3). Da Luft ein schlechter Wärmeleiter ist, wird die Wärmeleitung behindert. In kleinen Hohlräumen kann so gut wie keine Wärmeströmung auftreten. Zusätzlich können noch Platten aus Mineralwolle oder Schaumstoff auf die Innen- bzw. Außenwände aufgebracht werden (Bild 5).

Um Strömungen nach außen und innen zu vermeiden, müssen die Fenster dicht schließen. Hierzu werden Gummidichtungen verwendet, die sich eng an die Fensteröffnung anschmiegen. Bei schlecht schließenden Fenstern strömt sonst ständig warme Luft aus der Wohnung. Wärmeverluste treten bei den Fensterscheiben auf. Glas ist zwar ein schlechter Wärmeleiter. Die Scheiben sind jedoch im Vergleich zur Außenwand sehr dünn, sodass eine starke Wärmeleitung auftritt. Deshalb bringt man statt einer Scheibe zwei oder drei Scheiben hintereinander an (Bild 4). Der große Vorteil besteht nicht darin, dass die Glasschicht insgesamt dicker wird, sondern in den Zwischenräumen, die mit Gas gefüllt sind. Da der Scheibenabstand sehr gering ist, können sich kaum Strömungen in den Lufträumen ausbilden (Bild 7).

Eine besondere Beschichtung auf der Innenseite der Scheibe kann bewirken, dass die Wärmestrahlung besser reflektiert wird. Solche Fenster sind dann Spiegel für die Wärmestrahlung, aber durchlässig für Licht. Bürotürme mit großen Fensterfronten haben solche Beschichtungen an der Außenseite der Fenster, damit sich die Büroräume bei Sonnenschein nicht zu sehr aufheizen (Bild 6).

1 cm dicke Schicht aus Hartschaum, Kork, Glasfasern

4,5 cm dicke Wand aus Holz

21 cm dicke Wand aus Glas

53 cm dicke Betonmauer

60 cm dicke Sandsteinmauer

90 cm dicke Marmormauer

1

Wandstärken bei gleicher Wärmedämmung

2

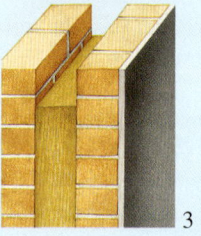

3

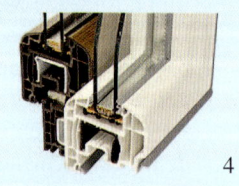

4

5

6

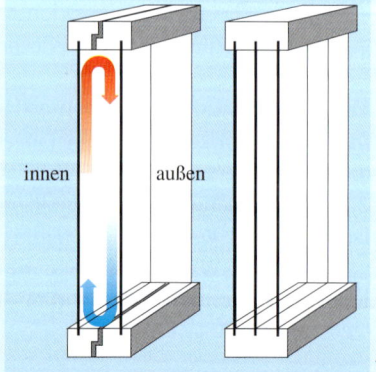

innen   außen

7

Energie sparen und Umwelt schützen

Wärmeübertragung und Wärmedämmung spielen beim Häuserbau eine entscheidende Rolle. Die meiste Energie wird in einem Haus für die Heizung und die Bereit-stellung von Warmwasser benötigt. Die folgenden Bilder zeigen, wie man mit der Energie der Sonne umweltbewusst warmes Wasser bereiten kann.

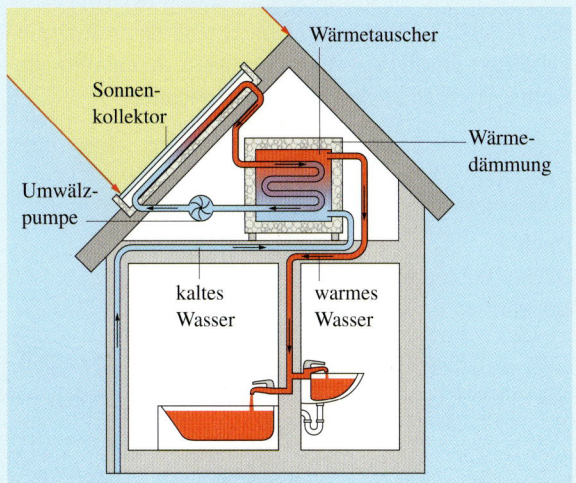

Warmwasserversorgung mit Sonnenkollektoren 1

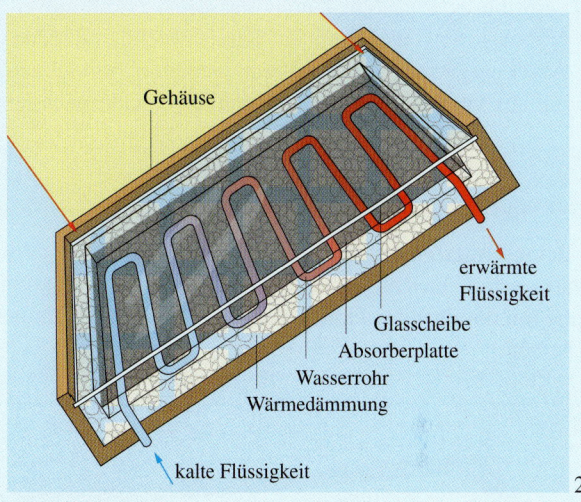

Sonnenkollektor (Aufbau) 2

AUFTRAG 1: Gartenschlauch als Kollektormodell
Ein schwarzer Gartenschlauch wird zu einer Spirale zusammengerollt und in einem passenden Kasten fixiert. Der Kasten soll mit einer Glas bzw. Plexiglasplatte abgedeckt werden können (Bild 3).

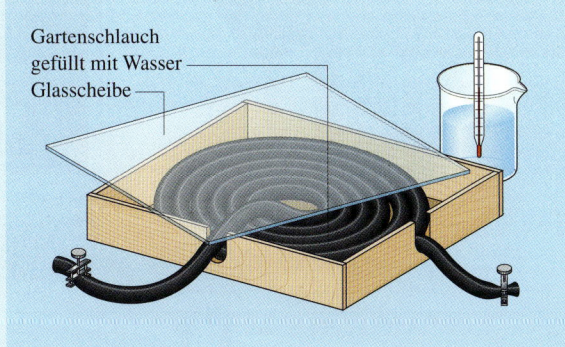

Kollektormodell 3

1 Lege dieses Modell eines Sonnenkollektors zunächst ohne Abdeckung in die Sonne und verfolge den Temperaturverlauf des Wassers im Schlauch, indem du alle 5 Minuten misst.
2 Wiederhole das Experiment mit Abdeckung.
3 Beschreibe und erkläre den unterschiedlichen Experimentausgang.
4 Präsentiere deine Ergebnisse.

AUFTRAG 2: Wärmeleitung durch Fenster
Fenster spielen bei der Wärmedämmung von Häusern eine wichtige Rolle.
Untersuche, welche Vorteile eine Doppelverglasung bei der Einsparung von Energie hat (Bild 4).

1 Beschreibe, worin sich die Anordnungen unterscheiden?
2 Untersuche das Wärmedämmvermögen der „Fenster".

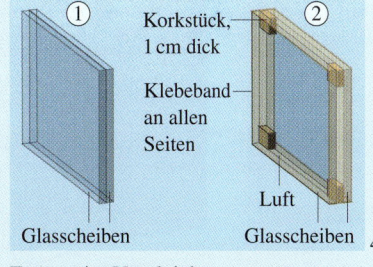

Fenster im Vergleich 4

Plane dazu ein Experiment. (*Tipp:* Du brauchst auch eine Uhr.) Überlege vor dem Experimentieren: Welche Ergebnisse erwartest du?
3 Erläutere die Vorteile der Doppelverglasung mit Luftschicht dazwischen.
4 Präsentiere deine Ergebnisse.

AUFTRAG 3
Schaut euch die Seiten zum Energiesparhaus an. Bereitet einen Kurzvortrag vor und lasst eure Ergebnisse aus den Aufträgen 1 und 2 einfließen.

Das Energiesparhaus

Wer heute ein Haus bauen oder modernisieren möchte, muss dabei die gesetzlich vorgegebene Energieeinsparverordnung beachten. Durch sie soll der Energieverbrauch gesenkt und damit das Klima geschützt werden. Als Energiesparhaus wird ein Gebäude bezeichnet, das im Vergleich zum Durchschnittsgebäude weniger Energie für Heizung und Warmwasser verbraucht – also weniger Strom, Wasser, Öl oder Gas. Und von der erzeugten Wärme soll möglichst wenig das Haus wieder verlassen. Der Einsatz von erneuerbaren Energien garantiert zusätzlich, dass man auch in Zukunft umweltbewusst und behaglich wohnen kann.

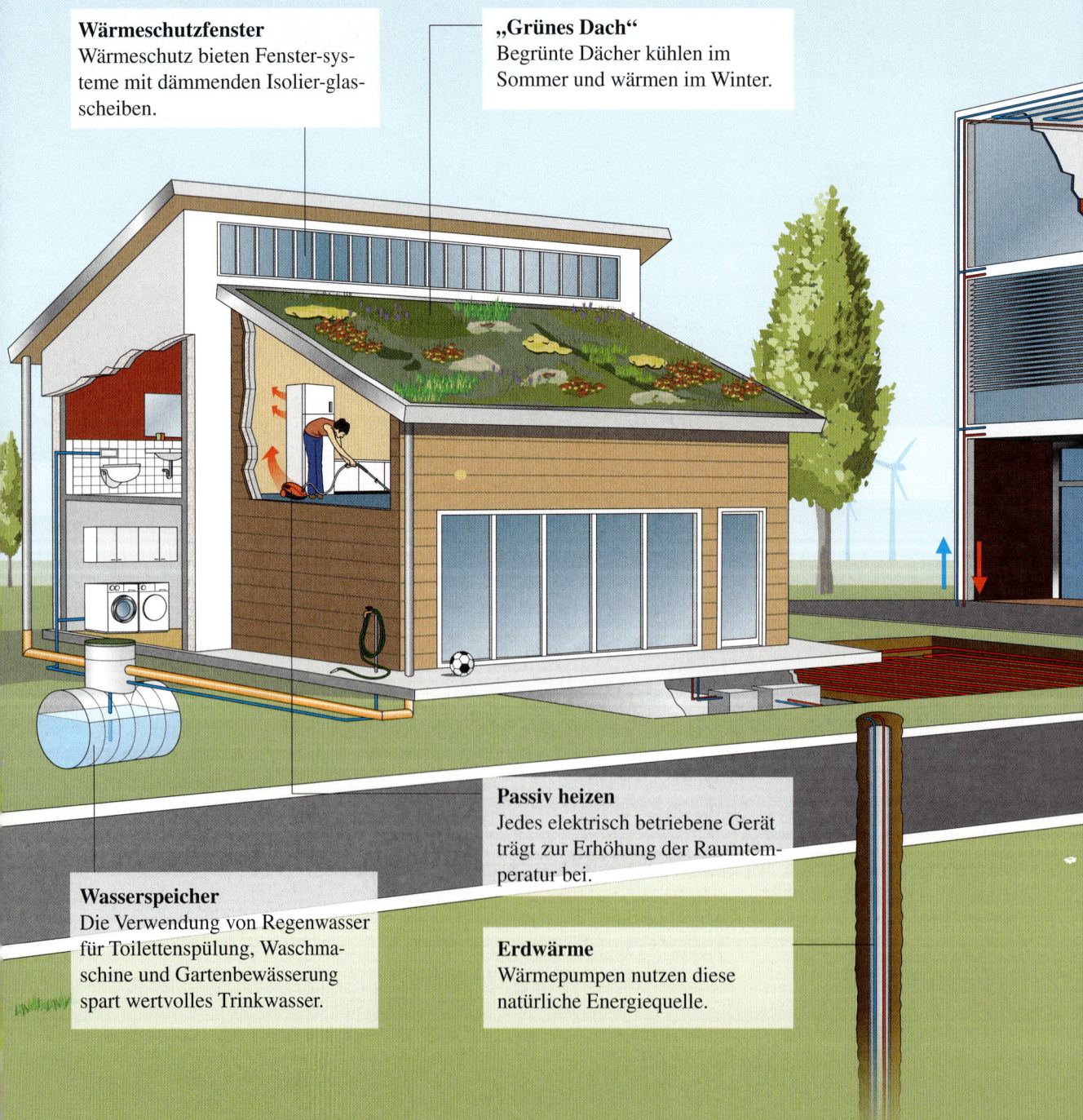

Wärmeschutzfenster
Wärmeschutz bieten Fenster-systeme mit dämmenden Isolier-glasscheiben.

„Grünes Dach"
Begrünte Dächer kühlen im Sommer und wärmen im Winter.

Passiv heizen
Jedes elektrisch betriebene Gerät trägt zur Erhöhung der Raumtemperatur bei.

Wasserspeicher
Die Verwendung von Regenwasser für Toilettenspülung, Waschmaschine und Gartenbewässerung spart wertvolles Trinkwasser.

Erdwärme
Wärmepumpen nutzen diese natürliche Energiequelle.

Deckenkühlung
Wassergefüllte Kühlschlangen für ein gesundes Raumklima lassen sich auch mit Sonnenenergie betreiben.

Sonnenkollektoren
Mithilfe der Energie der Sonne wird Wasser erwärmt.

Solarzellen
Mithilfe der Energie der Sonne wird elektrischer Strom erzeugt.

Wärmedämmung
Bei richtiger Dämmung bleibt die Wärme im Haus. Das spart Geld und schützt die Umwelt.

Heizen
Moderne Heizungsanlagen tragen zur Einsparung von Energie bei.

Wärmerückgewinnung
Eine Lüftungsanlage mit Wärmerückgewinnung nutzt die Wärme der verbrauchten Luft, um frische Luft zu erwärmen.

Lüften
Stark gedämmte Häuser müssen gut belüftet werden.

Wärmedämmung im Tierreich

Säugetiere und Vögel sind Warmblüter, sie haben im Körperinneren immer etwa dieselbe hohe Temperatur. Das ist sehr erstaunlich, da sie zum Teil extremen Temperaturen ausgesetzt sind.

Eisbären

Kaiserpinguine

Nach dem was du über die Wärmestrahlung weißt, sollte der Eisbär am besten ein schwarzes Fell besitzen. Das wäre zur Jagd zwar etwas unpraktisch, aber die Wärmestrahlung würde besser absorbiert. Doch die Natur ist viel erfindungsreicher: Die weißen Haare sind durchsichtig und leiten wie Glasfasern das Sonnenlicht bis zur schwarzen Körperhaut. Die Wärmeströmung wird durch das bis zu 7 cm lange Fell verhindert. Beim Schwimmen im eiskalten Wasser hilft das alles wenig. Die bis zu 10 cm dicke Fettschicht verhindert dann fast vollständig, dass Wärme an das Wasser abgeführt wird. Der Eisbär ist so gut isoliert, dass es bisher nicht gelang, ihn mit einer Wärmebildkamera vom Flugzeug aus aufzuspüren.

Auch Pinguine sind „Weltmeister" bei der Wärmedämmung. In der Antarktis ist es noch wesentlich kälter als in der Arktis und Temperaturen unter –30 °C sind keine Seltenheit. Trotzdem brüten einige Pinguinarten dort während der schlimmsten Eisstürme. Dass der Pinguin gut gedämmt ist, sieht man schon daran, dass Schneeflocken auf seinem Gefieder nicht schmelzen. Eine Schneedecke hilft sogar bei der Dämmung. Ein dichtes Kleid aus winzigen Federn mit flaumigen Schäften verhindert den Verlust von Körperwärme fast vollständig. Beim Tauchen im eiskalten Wasser verlieren die Pinguine trotz ihrer gefetteten Federn und der eingeschlossenen Luft ihre Wärme bis zu 100-mal schneller als an Land. Die Temperatur senkt sich dann kurzfristig in allen nicht benötigten Körperteilen auf zum Teil unter 20 °C ab.

Das Männchen des Kaiserpinguins bebrütet sein Ei sogar auf dem Eis, seine Füße werden dabei bis zu 0 °C kalt. Wie bei anderen Vögeln, hilft hier ein besonderer Wärmetausch. In den Beinen gibt es eine Stelle in der die nach unten laufenden Arterien und die nach oben laufenden Venen sich stark verzweigen und eng aneinander liegen. Sie bilden ein „Wundernetz". Das warme Blut aus dem Körper wärmt auf dem Weg in den Fuß das kalte zurückfließende Blut. Somit gelangt kühleres Blut zum Fuß und vorgewärmtes in den Körper.

Wärmebild von Kaiserpinguinen

Aufgaben

1. Finde heraus, wie andere Tiere vor Auskühlung geschützt sind. Benutze für deine Untersuchungen Biologiebücher, Nachschlagewerke oder das Internet.

2. Der Kaiserpinguin schützt sein Ei vor der Kälte, indem er es auf seinen kalten Füßen balanciert. Eis und Füße haben fast dieselbe Temperatur, trotzdem ist sein Verhalten sinnvoll. Warum?

Allerlei zur Wärme

1 Überleben im Winter
Tiere in Deutschland haben ganz unterschiedliche Lösungen entwickelt, den hohen Energieverlust durch die tiefen Temperaturen im Winter zu überstehen. Einige Beispiele sind:
a Winterschlaf
b Winterruhe
c Winterstarre
d Winterquartier im Süden (z. B. Vogelzug)
e „Wundernetze" (Seite 106)
f Aufplustern bei Kälte
g Winterquartier innerhalb Deutschlands (Höhle, Wasser …)
h Winterfell
i Fettpolster
j Vorräte anlegen

AUFTRAG
Findet für jedes Beispiel einige passende Tiere. Präsentiert anschließend eure Ergebnisse. Hier könnt ihr euch auch mit eurer Biologielehrerin oder eurem Biologielehrer absprechen.

Schaf

Rotkehlchen im Sommer

Rotkehlchen im Winter

2 Wärmedämmung zu Hause
Deine Wohnung oder dein Haus schützt dich auch vor Wärmeverlust. Im Winter wird chemische oder elektrische Energie verwendet, um eine angenehme Temperatur einzustellen.

AUFTRAG
a Wie wird dein Zuhause geheizt? Woher kommt die Energie und wie viel kostet sie im Jahr?
b Wie wurde bei dir gedämmt? Woraus bestehen Wände, Fenster, Boden und Dach? Gibt es Verbesserungsmöglichkeiten?
c Stellt ähnliche Untersuchungen auch in eurer Schule an.
d Wie würde dein Haus aussehen, wenn du Architekt wärst und eine möglichst perfekte Wärmedämmung erzielen wolltest?

Weißt du es ❓
Kannst du es

1. Untersuche mit einem kleinen Haus (Bild 1), wie sehr sich die Wärmedämmung auf die Temperatur in einem Haus auswirkt!
Bastle dir ein Versuchshaus aus einem Schuhkarton. Als „Ofen" soll eine Blechdose mit 50 °C heißem Wasser hineinkommen.
   a) Stelle das „Haus" in einen kühlen Raum. Miss die Anfangstemperatur im „Haus". Um wie viel ist die Temperatur nach einer halben Stunde gesunken?
   b) Probiere aus, das Haus länger warm zu halten.
   c) Beschreibe deine Ergebnisse und erkläre sie.

2. Es gibt viele Methoden Wärmeverluste zu verringern. Wo geht es eher um die Wärmeleitung, wo eher um die Wärmemitführung und wo eher um die Wärmestrahlung?
Fertige eine Tabelle an und ordne zu:
   A dicke Fettschicht beim Seehund
   B Alufolie um heißes Essen
   C Styroporbecher mit Kaffee
   D Tiefkühltruhe mit Zugriff von oben
   E Handschuhe beim Schneeballwerfen
   F silberfarbene Einlagen für die Winterschuhe

3. Sandra und Alex wollen zu Hause einen Behälter bauen. Er soll ihnen im Sommer ihre Getränke länger kalt und im Winter länger warm halten.
Welche Stoffe könnten Sandra und Alex nehmen?
Fertige eine Zeichnung an und schreibe die Namen der Stoffe dazu. Begründe, warum du gerade diese Stoffe vorschlägst.

4. Prüfe in einem Modellexperiment die isolierende Wirkung von Vogelfedern (Bild 2). Zeichne für beide Thermometer ein Temperatur-Zeit-Diagramm und vergleiche!

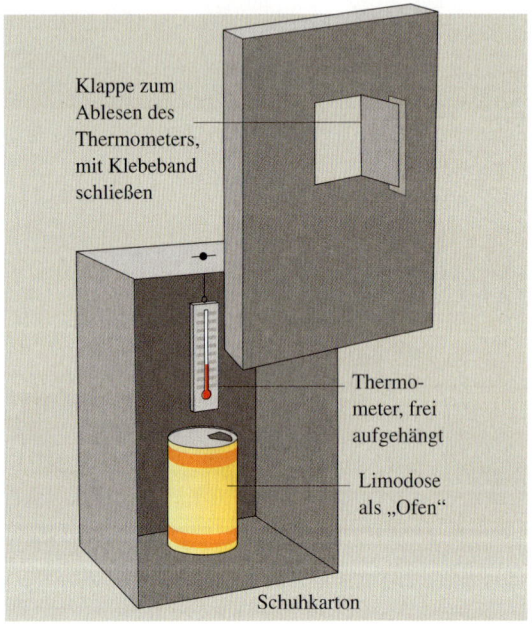

Klappe zum Ablesen des Thermometers, mit Klebeband schließen

Thermometer, frei aufgehängt

Limodose als „Ofen"

Schuhkarton 1

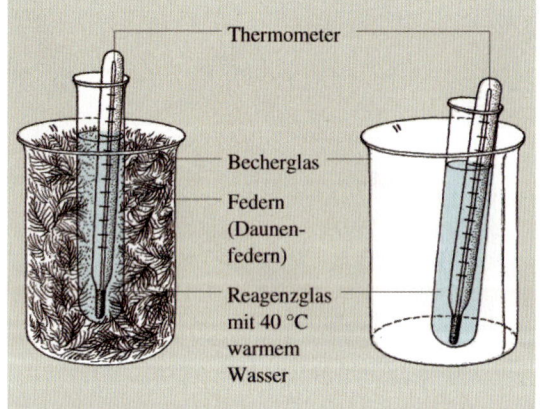

Thermometer

Becherglas

Federn (Daunenfedern)

Reagenzglas mit 40 °C warmem Wasser

2

Kurz und knapp ❗

Die Behinderung der Wärmeübertragung heißt Wärmedämmung.
Um eine hohe Dämmung zu erreichen, müssen sowohl Wärmeleitung als auch Wärmeströmung und Wärmestrahlung stark verringert werden.

1 Wir sind mit einem Temperatursinn ausgestattet. Trotzdem ist es gut, dass wir Thermometer besitzen. Gib Gründe dafür an.

2 Flüssigkeitsthermometer gibt es für verschiedene Anwendungen.

a Welche Thermometer kennst du?

b Was ist bei diesen Thermometern gleich?

c Worin unterscheiden sie sich?

3 Was musst du beim Ablesen eines Thermometers beachten?

4 Berühre verschiedene Gegenstände in der Küche, zum Beispiel die Spüle, ein Trinkglas, die Gardine und einen Holzstuhl. Lege eine Tabelle an und ordne die Gegenstände nach dem „Wärmeeindruck" bei Berührung!

5 Zimmerdecken verschmutzen über den Heizkörpern besonders schnell. Warum?

6 Der erste Schnee bleibt nicht überall liegen (Bild 1). Überlege, warum das so ist?

1

7 Wie gelangt die Wärme in den drei Bildern (Bild 2) jeweils zur Hand?

2

8 Im Weltraum wird viel mit Alufolie gearbeitet. Warum?

9 Beschreibe den Aufbau und erkläre die Wirkungsweise eines Sonnenkollektors. Nutze dabei die Kenntnisse über die Wärmeausbreitung und Wärmedämmung.

10 Thermoskannen halten warme Getränke lange warm. Wie verhindern sie die verschiedenen Arten der Wärmeübertragung?

11 Warum erhalten die Rohre für Heizungen eine Ummantelung (Bild 3)?

3

Schätze deine Kenntnisse und Fähigkeiten ein.

Ordne dazu deiner Lösung im Heft ein Smiley zu.

☺ Ich konnte die Aufgabe richtig lösen.

☺ Ich konnte die Aufgabe nicht komplett lösen.

☹ Ich konnte die Aufgabe nicht lösen.

Die Lösungen findest du im Anhang.

Aufgabe	Fähigkeit	Hilfe findest du auf Seite ...
1	Temperaturempfinden erklären	78
2, 3	Umgang mit Thermometern beschreiben	79, 81
4–8	Arten der Wärmeübertragung erkennen und erklären	89–95
9–11	Wärmedämmung erkennen, beschreiben und anwenden	100, 101

Die Natur verstehen mit physikalischen Basiskonzepten

In der Physik wird versucht, ganz unterschiedliche Vorgänge in Natur und Technik dadurch zu verstehen, dass nach Gemeinsamkeiten und Zusammenhängen zwischen ihnen gesucht wird und sie mit denselben Begriffen beschrieben werden. Diese so genannten Basiskonzepte können als Wegweiser bei der Suche nach Erklärungen dienen.

Basiskonzept
Materie

Schneeflocken bestehen aus vielen Schneekristallen, deren wunderschöne regelmäßige Form erst sichtbar wird, wenn man genau hinsieht – vielleicht mit einer Lupe (Bild 1).
Wenn es aber der Flocke zu warm wird, schmilzt sie und wird zu einem winzigen Wassertropfen (Bild 2).
Wenn die Sonne scheint, ist auch der Tropfen bald verschwunden: Das Wasser ist verdunstet. Es ist unsichtbar geworden und hat sich als Wasserdampf in der Luft verteilt. Wenn der Dampf auf kalte Flächen trifft, z. B. auf Fensterscheiben, dann wird er wieder als Wasserbeschlag sichtbar. Oder er lässt sogar wieder Kristalle wachsen, diesmal als „Eisblumen" (Bild 3).
Diese Vorgänge kann man sich mit der Vorstellung erklären, dass Wasser aus winzigen Teilchen besteht, die so klein sind, dass man sie nicht sehen kann. Diese Teilchen sind im Dampf sehr weit voneinander entfernt und im flüssigen Wasser eng beieinander. Im Eis ordnen sie sich in regelmäßigen Mustern an, und diese Struktur wird nach außen durch die Gestalt der Kristalle sichtbar. Mit dieser Vorstellung kann man sich viele Vorgänge in der Natur erklären.
Auch die Wärmeausbreitung kann man sich so gut erklären. Sobald die Temperatur eines Körpers steigt, bewegen sich alle kleinen Teilchen, aus dem er besteht, heftiger. Und diese Bewegung wird an die Nachbarteilchen weitergegeben. So kann z.B. die Wärme in einem festen Körper von einem Ende zum anderen weitergeleitet werden (Bild 5).
Deshalb war man vom Aufbau aller Materie aus Teilchen überzeugt, lange bevor man mit komplizierten Geräten sichtbar machen konnte, dass Materie aus kleinsten Teilchen zusammengesetzt ist (Bild 4)

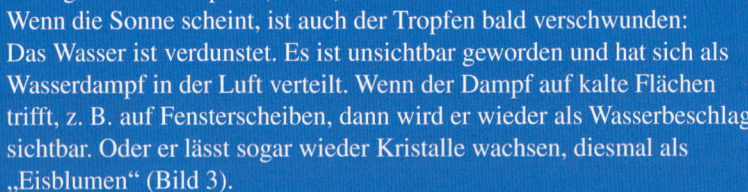

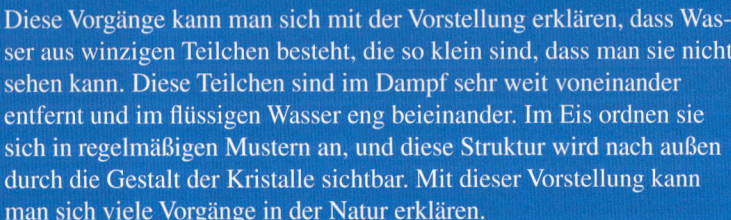

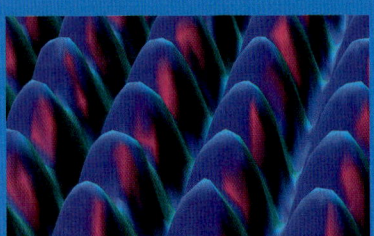

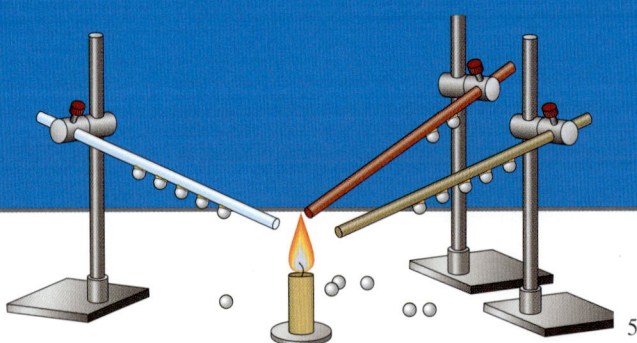

Basiskonzept
Wechselwirkung

Wenn Licht auf einen Körper trifft, dann kann es reflektiert, absorbiert oder hindurchgelassen werden (Bild 1).

Trifft es auf undurchsichtige Körper, bilden sich Schatten (Bilder 2 und 3).

Das Licht und die Körper treten in Wechselwirkung.

Und wenn du beim Fahrradfahren auf gerader Strecke kräftiger in die Pedale trittst, dann bewegst du dich schneller (Bild 5). Auch hier ist eine Wechselwirkung zu beobachten.

Wenn man eine Veränderung beobachtet und nach ihrer Ursache forscht, findet man fast immer andere Veränderungen, die den beobachteten Vorgang bewirkt haben. Diese Ursachen sind vielleicht weit entfernt, z. B. bei einem Sonnenbrand, oder liegen vielleicht bereits einige Zeit zurück; z. B. der Blitz, der ein fernes Donnergrollen hervorgerufen hat (Bild 4).

Bei Wechselwirkungen muss man sich nicht nur auf den gerade interessierenden Körper konzentrieren. Man muss auch an die Auswirkungen bei den anderen beteiligten Körpern denken.

Basiskonzept

System

Wenn das Rücklicht am Fahrrad nicht leuchtet, muss nicht die Glühlampe kaputt sein. Es könnte sich auch das Kabel an der Lampe oder am Dynamo gelöst haben. Oder an der Lampenhalterung hat sich Rost gebildet, oder … (Bild 1).

Man muss also den ganzen Stromkreis aus Dynamo, Kabel, Lampe und Fahrradrahmen „im Blick" haben, um den Fehler zu finden.

Auf das Ganze achten muss man auch, wenn man verstehen will, warum der Mond häufig wie eine Sichel aussieht. Er ist dann nicht wirklich ausgehöhlt, wie es in vielen Bilderbüchern dargestellt ist (Bild 3). Man kann es bemerken, wenn man den „jungen" Mond bei gutem Wetter genau betrachtet (Bild 2).

Noch besser kann man mit einem kleinen Fernglas erkennen: Der Mond ist eine Kugel, die mal von hinten, mal von der Seite, jeden Monat aber auch einmal von vorn beleuchtet wird.

Solange man nur auf den Mond sieht, findet man nicht heraus, wodurch er aus immer wechselnden Richtungen beleuchtet wird. Man muss vielmehr auch auf die Sonne achten und bedenken, in welcher Richtung man selbst auf Sonne und Mond blickt (Bild 4).

So ist es in Natur und Technik fast immer: Man muss auf das ganze System achten, um herauszufinden, warum sich seine Teile so und nicht anders verhalten. Und nur so kann man verstehen, dass es woanders unbeabsichtigte Folgen haben kann, wenn man an einer Stelle etwas verändert (Bild 5).

1

2

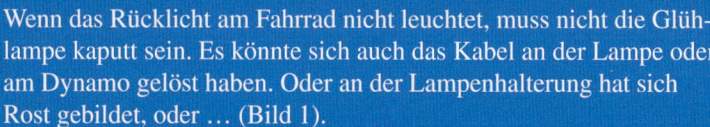

3

4

5

Basiskonzept
Energie

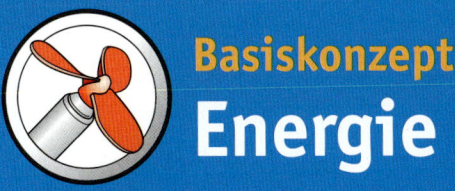

Wenn sich ein Spielzeug ohne erkennbare Ursache bewegt oder wenn es sich sogar scheinbar von allein in Bewegung setzt, weiß man: Das muss ein Trick sein. Denn dafür ist Energie nötig (Bild 1).

Meistens findet man schnell eine Batterie, die die Bewegung hervorruft und weiß, dass die Bewegung aufhören wird, wenn die Batterie „leer" ist.

Und diese Erfahrung macht man nicht nur bei Spielzeug: Wenn man Auto fährt, wird der Tank allmählich leer.

Wenn man im Haushalt elektrische Geräte betreibt, muss der Antrieb, die „Energie", irgendwoher kommen. Wahrscheinlich wird dafür Kohle oder Gas in einem Kraftwerk verbrannt, dessen Vorrat irgendwann verbraucht ist (Bild 2).

Nur die Sonne kann immer wieder Wind und Sturm auf der Erde erzeugen. Sie enthält Energie für viele Milliarden Jahre – fast für die Ewigkeit (Bilder 3 bis 5).

Mit dem Energiebegriff kann man also Vorhersagen über das Verhalten von Spielzeugen machen, und man kann Wettererscheinungen verstehen. In beiden Fällen ist es nicht nötig, genau zu wissen, wie die einzelnen Teile zusammenwirken.

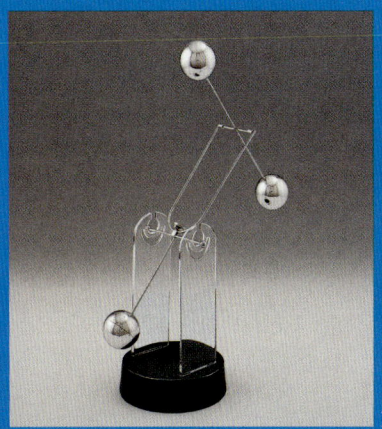

Lösungen der Teste-dich-Aufgaben

Schatten und Bilder S. 58

1 Lichtquellen: Monitor, Glühwürmchen
beleuchtete Körper: Kinoleinwand, Planet, Straßenschild

2 a) Das Licht der Laterne breitet sich geradlinig in alle möglichen Richtungen aus. Das Lichtbündel, das vom Fußgänger
nicht durchgelassen wird, „fehlt" im Raum hinter dem Fußgänger. Auf dem Gehweg entsteht eine nicht beleuchtete Fläche,
der Schatten.

b) Der Schatten ist kurz, wenn sich der Fußgänger nahe bei der
Laterne aufhält (Bild 1). Je weiter sich der Fußgänger von der
Laterne entfernt, desto länger wird sein Schatten (Bild 2).

c) Zwischen zwei Laternen entstehen zwei Schatten (Bild 3).

d)

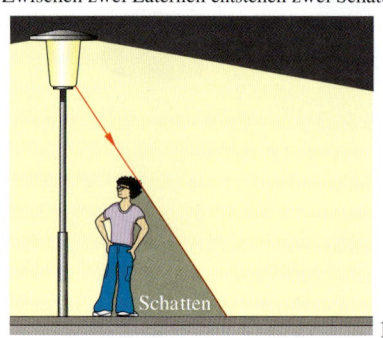 1

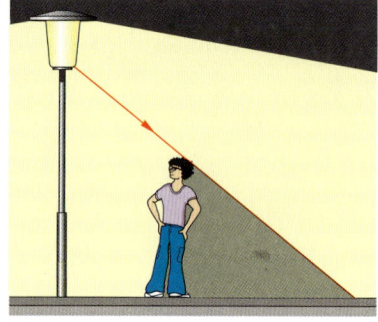 2

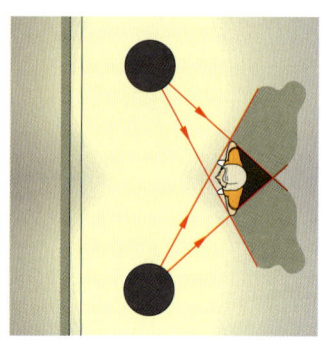 3

3 Martin steht rechts neben Tina. Seine Position ist gleich weit
von der Glasscheibe entfernt, wie die des Spiegelbildes.

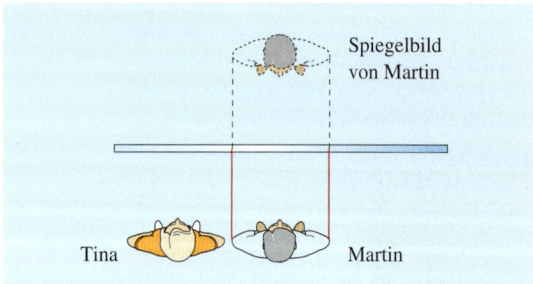 4

 5

5 Das Licht der Lampe wird vom Lot weg gebrochen.
Es verläuft unter Wasser steiler als die Verbindungsstrecke
Lampe–Beobachter. Der Beobachter sieht die Lampe
höher, als sie tatsächlich ist.

 6

6 Ein verkleinertes Bild entsteht, wenn sich der Gegenstand
außerhalb der doppelten Brennweite der Linse befindet.

7 Wenn Gegenstand und Bild gleich groß sind, dann befindet
sich der Gegenstand in der doppelten Brennweite, also
20 cm von der Linse entfernt. Das Bild ist auch 20 cm von der
Linse entfernt.

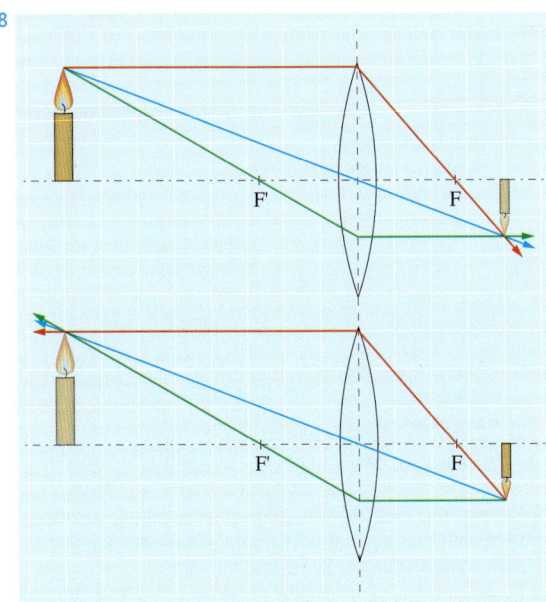

8

9 a) Hornhaut und Linse wirken zusammen wie eine Sammellinse. Gegenstände, die sich außerhalb der Brennebene befinden, werden seitenverkehrt und auf dem Kopf stehend abgebildet.
b) Mithilfe des Ringmuskels wird die Krümmung und damit die Brennweite der Augenlinse verändert. Durch diesen Vorgang erfolgt eine Scharfstellung für unterschiedliche Entfernungen.

Bewegungen von Körpern S. 76

1 z. B.: Ein Koffer bewegt sich auf einem Transportband. Bei seiner Bewegung legt er in gleichen Zeiten gleiche Wege zurück. Die Geschwindigkeit bleibt dabei gleich.

2 a) Wagen 2 ist schneller, da er die Stecke von 50 m in kürzerer Zeit zurücklegt.
b) Wagen 2 ist schneller, da er in der Zeit von 1,8 s die größere Strecke zurücklegt.
c) *gegeben:* $s_1 = 50\,\text{m}$; $t_1 = 2,0\,\text{s}$
$\qquad\qquad s_3 = 46\,\text{m}$; $t_3 = 1,8\,\text{s}$

gesucht: v_1; v_3

Lösung: $v = \dfrac{s}{t}$

$$v_1 = \frac{50\,\text{m}}{2,0\,\text{s}} = 25\,\text{m/s}$$

$$v_3 = \frac{46\,\text{m}}{1,8\,\text{s}} = 25,6\,\text{m/s}.$$

Daraus folgt: Wagen 3 ist etwas schneller.

3 a) Bei allen Körpern ergibt sich als Graph eine Gerade.
b) Der Körper bewegt sich am schnellsten, bei dem die Gerade die größte Steigung aufweist.

4 a) Durchschnittsgeschwindigkeit
b) Augenblicksgeschwindigkeit
c) Durchschnittsgeschwindigkeit
d) Augenblicksgeschwindigkeit

5 a) Der Graph verläuft parallel zur Zeitachse. Der Weg bleibt in dieser Zeit konstant.
b) Fußweg: *gegeben:* $s = 400\,\text{m}$
$\qquad\qquad\qquad t = 5\,\text{min} = 300\,\text{s}$

gesucht: v
Lösung: $v = \dfrac{s}{t} = \dfrac{400\,\text{m}}{300\,\text{s}} = 1,33\,\dfrac{\text{m}}{\text{s}} = 4,8\,\dfrac{\text{km}}{\text{h}}$

Busfahrt: *gegeben:* $s = 5,1\,\text{km} = 5100\,\text{m}$

$\qquad\qquad\qquad t = 10\,\text{min} = 600\,\text{s}$

gesucht: v
Lösung: $v = \dfrac{s}{t} = \dfrac{5100\,\text{m}}{600\,\text{s}} = 8,5\,\dfrac{\text{m}}{\text{s}} = 30,6\,\dfrac{\text{km}}{\text{h}}$

6 a) *gegeben:* $v = 20\,\dfrac{\text{m}}{\text{s}}$
$\qquad\qquad s = 2\,\text{m}$

gesucht: t

Lösung: $v = \dfrac{s}{t}$; $t = \dfrac{s}{v}$

$$t = \frac{20\,\text{m} \cdot \text{s}}{2\,\text{m}} = 10\,\text{s}$$

b) Ist die gestoppte Zeit kleiner, dann ist die Geschwindigkeit des Autos größer als 20 m/s.
Ist die gestoppte Zeit größer, dann ist die Geschwindigkeit des Autos kleiner als 20 m/s.

7 a) *gegeben:* $v = 300\,000\,\dfrac{km}{s}$

$s = 400\,000\,km$

gesucht: t

Lösung: $v = \dfrac{s}{t}; \; t = \dfrac{s}{v}$

$t = \dfrac{400\,000\,km \cdot s}{300\,000\,km} = 1{,}33\,s$

Das Licht braucht vom Mond bis zur Erde 1,33 s.

b) *gegeben:* $v = 300\,000\,\dfrac{km}{s}$

$s = 150\,000\,000\,km$

gesucht: t

Lösung: $v = \dfrac{s}{t}; \; t = \dfrac{s}{v}$

$t = \dfrac{150\,000\,000\,km \cdot s}{300\,000\,km} = 500\,s = 8{,}33\,min$

Das Licht braucht von der Sonne bis zur Erde etwas mehr als 8 min.

Wärmeübergänge S. 109

1 Jeder Mensch empfindet Temperaturen anders. Der Temperatursinn kann uns täuschen. Genaue Messungen sind nur mit einem Thermometer möglich.

2 a) Beispiele: Zimmerthermometer, Kühlschrankthermometer, Außenthermometer …
b) Der Aufbau ist bei allen gleich.
c) Unterschiede findet man im Messbereich und der Skala.

3 Thermometergefäß/Messfühler immer vollständig eintauchen; warten, bis sich die Anzeige nicht mehr ändert; bei Flüssigkeitsthermometern senkrecht auf die Skala blicken.

4

Gegenstand	Wärmeeindruck
Gardine	warm
Holzstuhl	warm
Trinkglas	kalt
Spüle	kalt

5 Warme Luft steigt über Heizkörpern auf – Wärmeströmung. Diese aufsteigende Luft führt nicht nur die Wärme, sondern auch die Staubteilchen in der Luft mit sich.

6 In den Zwischenräumen bleibt der Schnee länger liegen, weil der Kies mit Luft die Wärme schlechter weiterleitet als Stein.

7 a) Wärmeleitung
b) Wärmeströmung
c) Wärmestrahlung

8 Die Wärmestrahlung soll möglichst reflektiert werden, damit Körper sich nicht „aufheizen".

9 Eine Flüssigkeit strömt in einem Rohrsystem und wird von der Sonne direkt erwärmt. Das Rohrsystem wird mit einer dunklen Platte abgedeckt, damit möglichst viel der Wärmestrahlung absorbiert wird. Damit die Wärme durch Wärmeleitung und Wärmeströmung nicht an die Umgebung abgegeben wird, werden die Rohre und die Absorberplatte in einem Gehäuse untergebracht, das mit einer Glasplatte verschlossen ist.

10 Der Deckel behindert die Wärmeleitung, die silberne Innenwand die Wärmestrahlung und die Styropor- oder Vakuumschicht die Wärmeströmung.

11 Die Ummantelung soll die Übertragung der Wärme an die Umgebung verhindern.

Register

A

abnehmender Mond 22
absorbieren 8, 95
Anamorphose 34
Auge 47, 52
Augenblicksgeschwindigkeit 67
Ausgleichsgerade 68

B

Ballonhülle 96
Basiskonzept 110 ff.
Basiskonzept Energie 114
Basiskonzept Materie 110
Basiskonzept System 112
Basiskonzept Wechselwirkung 111
beleuchteter Körper 9 ff.
Bewegung 59 ff.
Bewegung, geradlinige 61
Bewegung, gleichförmige 65
Bewegung, ungleichförmige 65
Bewegungsart 65
Bewegungsform 61
Bezugssystem 60, 61
Bild 45
Bild, Konstruktion 45
Bild, reelles 45
Bild, scheinbares 46
Bild, virtuelles 46
Bild, wirkliches 45, 46
Bildentstehung 42 ff.
Bimetallthermometer 80
Bindehaut 47
Brechung 38 ff.
Brechung des Lichtes 38
Brechung, optische 38
Brechungsgesetz 39, 40
Brechungswinkel 39
Brenner 97
Brennglas 43
Brennpunkt 33, 43, 44
Brennpunktstrahl 44, 45
Brennweite 43, 44, 49

C

Camera obscura 15
CELSIUS, ANDERS 79
Celsiusskala 79
chemische Wärmequelle 89

D

Dach, grünes 104
DANIEL FAHRENHEIT 85
Daumenkino 53
Diagramm 68
Diagramm, Methode 68
Digitalkamera 55
Durchschnittsgeschwindigkeit 67
durchsichtig 7

E

ebener Spiegel 30
einfallender Strahl 31, 39
Einfallslot 31, 39
Einfallswinkel 31, 39
Eisenbahn 71
elektrische Wärmequelle 88
elektrisches Thermometer 80
Energie 103
Energie, Basiskonzept 114
Energiesparhaus 104
Erde 23 ff.
Erdwärme 104
Ergebnisse präsentieren 84
Ergebnisse präsentieren,
    Methode 84

F

Fenster 103
Fernrohr 48, 49
Fieber 82
Finsternis 24
Flüssigkeits-
    Fieberthermometer 83
Form 61
Fotoapparat 48

G

GALILEI, GALILEO 49
gebrochener Strahl 39
geradlinige Bewegung 61
geradliniges Lichtbündel 7
Geschwindigkeit 62, 63, 72
Geschwindigkeitskontrolle 74
Geschwindigkeitsmessung 74
Geschwindigkeitsmessung
    auf See 74
Geysir 87
gleichförmige Bewegung 65
Grad Celsius (°C) 78
Grad Fahrenheit (°F) 79
Grenzfläche 39
grünes Dach 104

H

Halbmond 22, 23
Halbschatten 21, 25
Hebung, scheinbare 40
Heißluftballon 95, 96, 98
heizen, passiv 104
Hohlspiegel 33
Hornhaut 47

I

Iris 47

J

Je-desto-Beziehung 27

K

Kaleidoskop 34
Kernschatten 21, 25
Kilometer je Stunde (km/h) 64
Kippbild 52, 53
Knoten (kn) 74
KOLUMBUS, CHRISTOPH 25
Konstruktion 45, 46
Konstruktion scheinbarer
    Bilder 46
Konstruktion von Bildern 45
Kontrast 19
Koordinatensystem 61
Korb 97
Körper, beleuchteter 9, 10
Körper, selbstleuchtender 10
Körper, undurchsichtiger 20
Körpertemperatur 82, 83
Kreisbewegung 61
Kurzsichtigkeit 51

L

Lava 87
lebendige Lichtquelle 14
Lernstation 50, 51
Licht 5 ff.
Licht, Brechung 38
Lichtbündel 7, 11
Lichtbündel, geradliniges 7
Lichtgeschwindigkeit 10
Lichtquelle 9 ff.
Lichtquelle im Straßenverkehr 12
Lichtquelle, lebendige 14
Lichtstrahl 11
Lichtstrahl, Modell 11
Linse 42 ff.
Lochkamera 15
Lufttemperatur 81
Lupe 46

M

Materie, Basiskonzept 110
Meter (m) 62
Meter je Sekunde (m/s) 63
Methode 68, 84
Minute (min) 62
Mittelebene 43
mitteleuropäische Zeit (MEZ) 71
Mittelpunktstrahl 44, 45
Mobilität 70
Modell der Lichtstrahlen 11
Mond 23 ff.
Mond, abnehmender 22
Mond, zunehmender 22
Mondfinsternis 24
Mondphase 22, 23
Mondsichel 22
MONTGOLFIER, ETIENNE 95
MONTGOLFIER, JOSEPH 95

N

Nahpunkt 50
natürliche Wärmequelle 86
Navigationssystem 69
Netzhaut 47
Netzhautbild 53
Neumond 23
nicht sichtbar 9

O

Objektiv 48, 49
Okular 49
optische Brechung 38
Ortsveränderung 60

P

Parachute 97
Parallelstrahl 44, 45
passiv heizen 104
Periskop 34
Plakat 84
Postkutsche 71
präsentieren, Ergebnisse 84

R

räumliches Sehen 53
reelles Bild 45
reflektieren 8, 95
reflektierter Strahl 31
Reflektor 13, 32
Reflexion 30 ff.
Reflexion am ebenen Spiegel 30
Reflexionsgesetz 31, 33
Reflexionsgesetz am
    Wölbspiegel 32
Reflexionswinkel 31
Reibung 88
Ruhe 61

S

$s(t)$-Diagramm 66
Sammellinse 42 ff.
Schatten 5, 18 ff.
Schattenbild 20
Schattenerzeuger 19
Schattenraum 20
Schattenspiel 26
Schattentheater 26
scheinbare Hebung 40
scheinbares Bild 46
scheinbares Bild, Konstruktion 46
Scheinwerfer 35
Schneckenhaus 36
Schulhomepage 84
Schwingung 61
Seemeile (sm) 74
Sehen 6, 52, 53
Sehen, räumliches 53
Sehnerv 47
Sekunde (s) 62
selbstleuchtender Körper 10
sichtbar 9
Silhouette 26
SILHOUETTE, ETIENNE 26
Solar-Großkraftwerk 86
Solarzelle 105
Sonne 23 ff., 86, 87
Sonnenfinsternis 25
Sonnenkollektor 86, 103, 105
Sonnenofen 35
Sonnenspiegel 86
Sonnentaler 16
Spiegel, ebener 30
Spiegelbild 30
Spiegelebene 36
Spiegelkugel 32
Spiegelteleskop 35
Strahl, einfallender 31, 39
Strahl, gebrochener 39
Strahl, reflektierter 31
Strahlenmodell 20
Strahlenverlauf 44
Strahlungsthermometer 80
Straßenverkehr 12, 13
Straßenverkehr, Lichtquellen 12
Straßenverkehr, Streulicht 13
Streulicht im Straßenverkehr 13
Stunde (h) 62
System, Basiskonzept 112

T

Tabellenkalkulationsprogramm 68
Tachometer 64
Temperatur 78 ff.
Temperaturempfinden 78, 79
Temperaturmessung 81
Temperaturregelung 82
Thermalquelle 87
Thermografie 82
Thermometer 79 ff.
Thermometer, elektrisches 80
Thermometerstreifen 80
Thermosflasche 101
Tierreich 106
Totalreflexion 40
Tripelspiegel 34

U

Übertragung 86, 89
Übertragung von Wärme 89
Umwelt 103
undurchsichtig 7
undurchsichtiger Körper 20
ungleichförmige Bewegung 65

V

Verkehrsmittel 70
virtuelles Bild 46
Vollmond 22 ff.
Vulkan 87

W

Wärme 86 ff.
Wärme, Übertragung 89
Wärmedämmung 100 ff.
Wärmeleiter 91, 102
Wärmeleitung 90, 92, 103
Wärmequelle 87, 88
Wärmequelle, chemische 89
Wärmequelle, elektrische 88
Wärmequelle, natürliche 86
Wärmerückgewinnung 105
Wärmeschutzfenster 104
Wärmestrahlung 94, 95, 102
Wärmeströmung 92 ff.
Wärmeübergang 77 ff.
Wärmeübertragung 100, 101
Wasserspeicher 104
Wechselwirkung,
    Basiskonzept 111
Weg 62
Weg-Zeit-Diagramm 66
Weitsichtigkeit 51
Winkelspiegel 34
wirkliches Bild 45, 46
Wölbspiegel 32
Wölbspiegel, Reflexionsgesetz 32

Z

Zeit 62
Zeit, mitteleuropäische (MEZ) 71
Zerstreuungslinse 42
zunehmender Mond 22

Quellenverzeichnis

A1PIX: 46.1 | Archiv Cornelsen Verlag, Berlin: 12.1-2, 12.4, 13.1, 13.3, 14.1, 17.1, 37.1, 40.2, 41.1, 43.1, 43.3, 64.1-3, 70.1-2, 71.1-2, 74.3, 79.2, 80.2-3, 80.5, 85.1, 94.3, 99.1-2, 102.2, 110.2 | Arco Wegner: 73.5 | Astrofoto: 25.1, 48.5 | Backhaus, Udo, Essen: 112.3 | Ballonhafen, Berlin: 77, 96.1, 97.1 | Bildarchiv Preußischer Kulturbesitz: 95.3 | Bildart Volker Döring, Hohen Neuendorf: 6.2-3, 8.1-3, 11.1, 18/2-3, 18/5-6, 19.1-6, 21.3-4, 23.1, 25.3, 26.1, 27.1, 32.1, 32.3, 33.1, 35.1, 36.2, 37.2, 42.1, 43.4, 44.2-3, 46.2-3, 53.3, 62.1-3, 67.1, 78.1, 79.1, 83.1, 88.2, 88.4, 91.2-3, 91.5, 92.2-3, 93.2-3, 94.2, 112.1, 113.1 | Blaupunkt: 69.4 | blickwinkel/H. Schmidbauer: 72.5 | Burzin, Stefan, Meldorf: 52.7, 109.1-2 | BWS-Solar/Staiger: 86.2 | BWS-Solar/Upmann: 86.3 | Canon: 55.2-4 | Carl Zeiss, Oberkochen: 35.6 | Corbis/ Noburo: 73.1 | Corbis/ Reuters: 73.3 | Corbis/Bruce Robinson: 14.6 | Corbis/CAT'S: 18.1 (groß) | Corbis/ Claire Clifford/Eye Ubiquitous: 96/97 | Corbis/Francis G. Mayer: 16.3 | Corbis/T. Streslinsky: 112.5 | Cornelsen Experimenta: 80.4 | Daimler AG: 88.3 | Dargaud editeur by Morris, 1985: 18/1 (klein) | Deutsche Bahn AG: 60.1 | Deutsches Museum, München: 15.4, 55.1, | Digitalstock/ M. Geigenscheder: 61.3 | Digitalstock/ D. Happes: 61.5 | Digitalstock/H. Svatunek: 83.2 | Digitalstock/ J. Vogel: 5 | Digitalstock/R. Besserdich: 14.2 | DLR: 23.3 | Dostmann electronic GmbH: 80.6 | ebs Systemtechnik, München: 100.2 | Eumetsat: 29.1 | F1online: 78.2 | FLIR Systems, Frankfurt/ Main: 106.3 | Focus/SPL/ Perviainen: 110.3 | Fotolia.com/ chantal cecchetti: 72.1 | Fotolia.com/ marilyn barbone: 73.4 | Fotolia.com/ Olga Langerova: 73.2 | Fotolia.com/ Pauline Richard: 72.3 | Fotolia.com/Alexander Reitter: 30.2 | Fotolia.com/Barbara Helgason: 65.1 | Fotolia.com/c_andy_man: 111.4 | Fotolia.com/Carina Hansen: 9.3 | Fotolia.com/crimson: 60.2 | Fotolia.com/DAN: 72.2 | Fotolia.com/darknightsky: 60.3 | Fotolia.com/Dennis Oslander: 48.3 | Fotolia.com/DeVIce: 61.1, 65.3 | Fotolia.com/Digitalpress: 94.1 | Fotolia.com/FCS Photography: 24.2 | Fotolia.com/Franz Pfluege: 55.5 | Fotolia.com/frogfisch: 64.4 | Fotolia.com/Georg Tschannett: 30.3 | Fotolia.com/Henrik Äijä: 9.4 | Fotolia.com/IKO: 86.1, 113.3 | Fotolia.com/Jan Schuler: 75.2 | Fotolia.com/jlegrand: 107.2 | Fotolia.com/Klaus Eppele: 32.2 | Fotolia.com/Koh-Thai: 22.1 | Fotolia.com/Kristian Sekulic: 84.3 | Fotolia.com/Martina Berg: 30.4 | Fotolia.com/Matthew Bowden: 7.1 | Fotolia.com/ Matthias Weigand: 61.4 | Fotolia.com/Michael S. Schwarzer: 60.4 | Fotolia.com/Optox: 48.4 | Fotolia.com/outdoorsman: 106.1 | Fotolia.com/R. Besserdich: 14.2 | Fotolia.com/razorconcept: 107.3 | Fotolia.com/romasantos: 106.2, 107.1 | Fotolia.com/RRF: 37.3, 111.1 | Fotolia.com/Sven Hoppe: 64.5 | Fotolia.com/Tripod: 99.3 | Fotolia.com/Wolfgang Glöckl: 65.2 | Fotolia.com/XC: 59 | Garmin Deutschland GmbH, Gräfelfing: 69.5 | Haddock, Steven/www.lifesci.ucsb.edu/~biolum: 14.4-5 | IBM: 110.4 | InfraTec: 82.2 | iStockphoto.com/abbesses: 54.6 | iStockphoto.com/archives: 102.6 | iStockphoto.com/caverbrien: 87.2 | iStockphoto.com/frankoppermann: 89.4 | iStockphoto.com/Grand-V: 89.1 | iStockphoto.com/ jabejon: 91.4 | iStockphoto.com/JulienGrodin: 87.1 | iStockphoto.com/Kevin Panizza: 8.4 | iStockphoto.com/nsj-images: 109.3 | iStockphoto.com/Pgiam: 88.5 | iStockphoto.com/rvlloyd: 88.6 | iStockphoto.com/seraficus: 102.4 | iStockphoto.com/sideyman: 89.2 | iStockphoto.com/tinabelle: 102.5 | iStockphoto.com/Visual Communications: 100.1 | iStockphoto.com/Vladimir Sazonov: 83.3 | IZE: 35.3 | Kaiser/Porcelain: 53.1 | Keystone/Matzerath: 12.3 | Leybold-Didactic GmbH, Hürth: 33.3 | Libbrecht, Pasadena: 110.1 | Lichtenberger, Jochim, Fahren: 16.1-2, 24.1, 34.2, 34.4-5, 36.1, 38.1, 56.1 | Lockheed Martin: 69.2 | MPI/auto motor und sport/Seufert, H.-D.: 74.2 | NASA: 22.2, 29.3, 69.3, 111.2, 112.2, 113.4, 3. Umschlagseite | Nolte, H., Bochum: 30.1 | Okapia, Frankfurt/Main: 14.3 | Optical Figurenbühne Oeffler-Wöller, Stuttgart: 6.1 | Osram-Pressebild: Titel | Phywe System GmbH, Göttingen: 39.3, 40.1 | picture-alliance/akg: 26.2-3 | picture-alliance/dpa: 71.4 | Project Photos: 12/13, 89.3, 111.5, 113.5 | Schöffel: 101.1 | Siemens AG: 71.3 | Solar Millennium AG: 37.4, 86.4 | Sun-Ballooning GbR, Kyritz: 96.2, 97.3-4 | TomTom: 69.1 | VEAG: 113.2 | Wikimedia Commons/public domain/ Immanuel Giel: 111.3 | Wildlife/Cole: 72.4 | Wilhelm-Foerster-Sternwarte, Berlin: 22.3 | www.pressedienst-fahrrad.de: 13.2 | www.schulteleskope.de: 49.3